El liderazgo en el matrimonio

El liderazgo en el matrimonio

A la luz de la Creación y la Caída

Alan Dunn

PUBLICACIONES AQUILA

El liderazgo en el matrimonio

Publicado por Publicaciones Aquila
5510 Tonnelle Ave.
North Bergen, NJ 07047–302, EE.UU.

© Alan Dunn 2001

Publicado por primera vez en inglés bajo el título
Headship in Marriage por Demings Lake Memorial Church, 2001

Primera edición en español: 2005

© Publicaciones Aquila 2005
para la versión española

Traducción: Ana Juliá Cristóbal

ISBN: 1-932481-08-7

Printed in USA

Índice

Prefacio

Este libro es la recopilación de una serie de sermones que prediqué entre los años 1989 y 1991 en *The Grace Covenant Baptist Church* en Flemington, Nueva Jersey. También prediqué estos sermones en otros lugares y me invitaron a poner este material a disposición de más personas. En 1998 adapté varios de los sermones para que aparecieran como una serie de artículos en *The Evangelical Presbyterian Magazine*, que se publica en Irlanda del Norte. Este librito es el resultado de una edición más exhaustiva de esos artículos con mínimas alteraciones para facilitar este formato.

Génesis es fundamental y tiene unas implicaciones muy amplias. No obstante, este estudio se centra en un aspecto muy concreto: "El liderazgo en el matrimonio a la luz de la Creación y la Caída". El tema no queda ni mucho menos agotado. He intentado ponerlo en su contexto analizando los relatos de la Creación en Génesis 1 y 2. El liderazgo se contempla desde la perspectiva de la Caída en la narración de Génesis 3:1-16. A continuación hago un estudio más detallado de Génesis 3:16 y algunas consideraciones pastorales acerca de las implicaciones prácticas del liderazgo en un mundo caído. El resto de Génesis 3 es importante para el asunto del liderazgo, pero no vamos a tenerlo en cuenta. He procurado mantener la institución del matrimonio como tema central, aunque también se tratan muchas otras materias a lo largo del libro. Espero que este estudio ayude al lector a contemplar toda la vida desde el punto de vista de la Creación y la Caída, y a ser más consciente del amor redentor de nuestro Señor y Salvador Jesucristo.

"Señor, digno eres de recibir la gloria y la honra y el poder; porque tu creaste todas las cosas, y por tu voluntad existen y fueron creadas" (Apocalipsis 4:11).

ALAN J. DUNN
Noviembre de 2000

1.
La creación y la dignidad del hombre

"Pero el Espíritu dice claramente que en los postreros tiempos algunos apostatarán de la fe, escuchando a espíritus engañadores y a doctrinas de demonios; por la hipocresía de mentirosos que, teniendo cauterizada la conciencia, prohibirán casarse, y mandarán abstenerse de alimentos que Dios creó para que con acción de gracias participasen de ellos los creyentes y los que han conocido la verdad. Porque todo lo que Dios creó es bueno, y nada es de desecharse, si se toma con acción de gracias; porque por la palabra de Dios y por la oración es santificado" (1 Timoteo 4:1-5).

Pablo nos advierte de que la estrategia de Satanás consiste, entre otras cosas, en un intento de distorsionar las implicaciones de la doctrina de la Creación. El matrimonio es parte de lo que *Dios creó*. Desgraciadamente, vivimos en una cultura en la que muchos matrimonios no cumplen el propósito del Creador. En lugar de edificar matrimonios sobre la obediencia a la Escritura, muchos siguen *doctrinas de demonios* y deforman la gloria de Dios en las funciones de su género y sus relaciones familiares. Necesitamos anclar nuestros matrimonios en Génesis y fortalecernos contra el ataque de los engaños satánicos que amenazan nuestra vida matrimonial. Espero que este breve estudio nos ayude a glorificar a Dios y a disfrutar de su presencia en nuestros hogares.

La naturaleza de la vida creada

Aunque vamos a centrarnos en el ejercicio del liderazgo en el matrimonio, es necesario que comprendamos otros aspectos cruciales relacionados con la Creación y la Caída. Es preciso tener en mente el contexto bíblico que nos concierne. Con el fin de entender la devastación de la muerte que recayó sobre nosotros, tal como se nos relata en Génesis 3, primero debemos conocer la naturaleza de la vida que Dios creó para su gloria. Como veremos, nuestra capacidad para construir un matrimonio bíblico es un asunto de vida o muerte.

La vida creada es como un tejido, un tapiz formado por partes interdependientes. Cada hebra viva está entretejida con las demás en dependencia mutua, vibrando con la bondad del Creador. La unidad y la individualidad caracterizan la vida creada, ya que las partes que la forman funcionan siguiendo una disposición ordenada según el diseño divino. La *muerte* es, pues, la destrucción de la unidad creada o una redisposición desordenada del diseño original de Dios.

El plan de Dios para la Creación puede verse en Génesis 1. Tras crear todas las cosas por medio del poder de su Palabra omnipotente, Dios pone orden en el cosmos. Él satisface las necesidades expresadas en Génesis 1:2: *"La tierra estaba desordenada y vacía, y las tinieblas estaban sobre la faz del abismo"*. Aquí vemos el plan de trabajo para la semana de la Creación. Esa primera masa oscura, creada por la Palabra de Dios, necesita luz, forma y seres que habiten en ella. Dios satisface esas necesidades del cosmos creando la luz (cf. Génesis 1:1-4), dando forma al universo (cf. Génesis 1:4-20) y, por último, llenando el vacío con seres vivos (cf. Génesis 1:20-31). Su trabajo abarca los días de la semana de la Creación y está salpicado por repetidos actos de evaluación divina en los cuales juzga moralmente a la Creación como *muy buena*. Repetidamente, Moisés nos informa de lo que después Pablo va a reiterar: *"Todo lo que Dios creó es bueno"* (1 Timoteo 4:4). Dios creó un universo bueno.

El Hacedor puso cada componente para que funcionara simbióticamente con el resto de lo creado formando un tejido unificado y vivo. La idea de unidad define nuestra concepción de la vida creada: un sistema de codependencias cohesivas que se complementan unas con otras.

Hemos visto que el Creador es también el Juez de la Creación. La vida no es un fenómeno moralmente neutral, sino que por su propia naturaleza es susceptible de ser evaluada éticamente por el Creador. Recibir vida en el universo de Dios es estar sujeto a su examen moral. Él juzga a toda su creación.

El contexto de la gracia

La primera pareja se nos presenta como la culminación de la obra creadora de Dios. Con el hombre y la mujer establecidos en el Paraíso y cumpliendo adecuadamente su función, podemos contemplar un universo ordenado para la gloria de Dios. Toda la escena refleja la gracia: no se trata aquí de la gracia redentora, sino de la gracia que da la vida y la sostiene. Solemos considerar la gracia de Dios como su bondad hacia los indignos. Sin embargo, cuando en este caso decimos que todo refleja la gracia nos referimos a que Dios da la vida y la sostiene, otorgando gratuitamente su bondad a la Creación para que muestre su gloria.

Adán no es colocado en el huerto con el fin de que pueda ganarse el derecho a vivir por medio de la obediencia a la Ley. Dios le dio la vida y le suministró todo lo necesario para comunicarse con Él y vivir para gloria de su Creador y su Dios. Él se deleita en satisfacer las necesidades del hombre y por eso revela su "gracia de la creación" o "gracia común", dando vida al hombre y, lo que es más, dándose a sí mismo al hombre. La bendición suprema de Dios para Adán es el don del día de reposo, un tiempo santificado para estar en comunión con Dios mismo a través de su Palabra y su amorosa presencia paternal (cf. Génesis 2:1-4; Marcos 2:27).

La relación filial

Adán es el hijo creado de Dios (cf. Génesis 5:1-3: Lucas 3:38). No deberíamos considerar su relación de parentesco con Dios como un vínculo meramente legal o contractual, basado en la obediencia al mandamiento de Génesis 2:17. Es cierto que hay una dimensión legal en esta relación. Es cierto que hay una autoridad legítima que requiere obediencia. Pero se trata esencialmente de una relación filial, es la relación entre un padre y su hijo. La Ley y la autoridad están envueltas en el amor y la gracia del Padre Creador hacia Adán, su hijo y criatura. La expresión tan conocida "imagen de Dios" no solo describe a Adán, sino que también define su relación de parentesco con Dios como su Creador y Padre.

Ser conforme a la imagen de y *ser hecho a semejanza de* son los términos que se utilizan para describir una relación filial (cf. Génesis 5:1-3). No puede imaginarse una identidad más noble para el hombre.

La dignidad del hombre

Nuestro ser creado tiene una dignidad profunda y majestuosa. En primer lugar, el hombre fue creado según el decreto divino (cf. Génesis 1:26-27). Saber que Dios ya tenía el propósito de crearnos antes de comenzar su obra nos llena de confianza y nos dignifica. El hombre no es un accidente, sino el resultado de la resolución deliberada de Dios.

En segundo lugar, el hombre fue creado directamente por Dios sin intermediarios (cf. Génesis 2:7, 22). Como objeto inmediato de la propia actividad creadora de Dios, el hombre recibe una posición singular y especial en la Creación.

En tercer lugar, la identidad básica del hombre es ser imagen de Dios. Nosotros reflejamos la imagen del Creador al menos en tres formas: con nuestra existencia, con nuestra posición y con nuestra actividad. Nuestra existencia como criaturas tiene por objeto reflejar la existencia de Dios como Creador. Somos seres personales, capaces de comunicarnos verbalmente, dotados de mente, voluntad y emoción; y tenemos una naturaleza moral controlada por nuestra conciencia. Nuestra posición como criaturas tiene el fin de reflejar la posición de Dios como Creador. Como imagen de Dios, tenemos una posición regia: ejercemos un dominio como reyes; proféticamente se nos ha confiado la Palabra de Dios; y somos mediadores de su gloria en la adoración y el servicio a Dios como sacerdotes. Nuestra actividad como criaturas tiene por objeto reflejar la actividad de Dios como Creador: fuimos creados para trabajar y para descansar disfrutando del refrigerio de Dios durante el día de reposo.

La responsabilidad del hombre

Nuestra visión del hombre debe empezar con Dios. Somos reflejo de Dios y fuimos creados para manifestar su gloria. El propósito y sentido de nuestras vidas termina en Dios, y no en nosotros mismos. Si queremos llegar a conocernos, primero debemos conocer a Dios y vernos a nosotros mismos en relación con Él. Un aspecto fundamental de nuestra relación de parentesco con Dios es la obligación que tenemos de reflejar su imagen de un modo preciso. Somos responsables ante Dios por la imagen que ofrecemos de Él.

Nuestra responsabilidad ante Dios se establece en que Él nos hizo a su imagen. Como hijos creados de Dios, nuestra filiación supone la obligación ante nuestro Hacedor de reflejarle de un modo preciso. Dios nos considera responsables ante Él como portadores de su imagen. Él nos hizo para ser su reflejo visible, representándole en la esfera de lo creado. Nos considera responsables de vivir como Él planeó: para reflejar su imagen. Llevar la imagen de Dios es, pues, la esencia misma de la ética. Si el hombre no refleja a Dios de manera precisa, entonces algo va mal: metafísicamente (es decir, en cuanto a su ser mismo) y moralmente. A lo largo de la semana de la Creación, el cosmos fue evaluado éticamente por el Creador. Cuando concluye su obra, el hombre y la mujer reflejan sin pecado a Dios y Él vuelve a juzgar a su creación como *muy buena* (cf. Génesis 1:31). Ser bueno éticamente es que el hombre refleje la imagen de Dios de manera precisa. En esto consiste la ética: en reflejar su imagen.

Debemos reflejar a Dios viviendo en obediencia a sus palabras e imitando el ejemplo que nos dio en su obra creadora. Tanto sus palabras creadoras como sus actos creadores revelan a Dios: a causa de esta revelación, nosotros, que llevamos su imagen, somos constituidos seres responsables ante Él. Que estamos bajo el juicio o la evaluación moral de nuestro Creador es inherente a la Creación misma. ¿Es innato el conocimiento del juicio de Dios (cf. Romanos 1:18-20, 32; 2:14-15)? ¿No nos dice claramente nuestra conciencia que la vida tiene un significado moral? Ciertamente la Creación se impregnó de significado moral puesto que Dios repetidas veces la juzgó buena mientras hacía su obra durante la semana de la Creación.

Al hombre caído no le gusta este Dios que le ha creado y que le juzga. En lugar del Dios Creador, el hombre prefiere hacerse sus propios dioses. La idolatría puede definirse perfectamente como el intento fútil del hombre caído de eludir el juicio del Dios Creador. Cuando el hombre niega a Dios como Creador, en realidad está tratando de negar que Dios es Juez (cf. Romanos 1:32). Las actividades divinas de creación y juicio están tan entrelazadas que la negación de una conlleva la negación de la otra. Con el fin de evitar al Dios que juzga, el hombre intenta negar al Creador. Suprime la revelación, la razón, la evidencia y la experiencia que claramente manifiestan que Dios es Creador y Juez. Dios es Dios, y el hombre debe rendir cuentas ante Él quiéralo o no.

Somos responsables de lo que los teólogos llaman "las ordenanzas de la Creación" que se estipulan en "el mandato de dominio" de Génesis 1:26 y ss. Nuestra obligación como criaturas se encuentra en el mandato de procrear y de sojuzgar la Tierra. Este mandato debe cumplirse en las ordenanzas del matrimonio, del trabajo y de guardar el día de reposo. Las ordenanzas de la Creación determinan la responsabilidad moral de todos los hombres de cualquier cultura y de cualquier período de la Historia. La ética no está condicionada por la cultura, sino que se establece en nuestra naturaleza como imagen de Dios. Insistimos: la ética consiste en reflejar su imagen. Fuimos creados en un clima moral y hemos de rendir cuentas ante Dios por la naturaleza misma de nuestro ser creado.

El hombre es responsable ante el Creador del mismo modo que un mayordomo es responsable por los bienes de su amo. Mejor aún, el hombre es responsable del mismo modo que un hijo es responsable por los bienes de su Creador y Padre. Dios posee todas las cosas (cf. Salmo 24:1), pero Él otorgó a Adán, su hijo y criatura, una mayordomía sobre la Tierra, las plantas y los animales. Notemos que el hombre ya ejercía esta mayordomía antes de que la mujer fuera creada. Lo que explica sus actividades en Génesis 2 es "el mandato de dominio". Su masculinidad se define en términos del ejercicio de su gobierno como príncipe de la Creación establecido por el Creador. Nos centraremos en su función de cabeza más tarde, pero debemos darnos cuenta de que ya ejercía su autoridad antes de la creación de la mujer en Génesis 2:18 y ss.

Aplicaciones

En primer lugar, si estamos arraigados en la verdad de la Creación, deberíamos evitar el estilo de vida confuso y sin rumbo tan característico de los hombres de nuestra generación. La incapacidad habitual de los hombres para entender y guardar un equilibrio en las mayordomías de la familia, el trabajo y la adoración a Dios suele explicarse por el hecho de que el hombre no está bien enraizado en las primeras páginas de la Biblia. Los hombres niegan y deforman su dignidad básica puesto que están *"destituidos de la gloria de Dios"* (cf. Romanos 3:23). La primera pregunta del Catecismo Menor trata precisamente de este asunto del propósito de nuestras vidas. "¿Cual es el fin principal del hombre?" "El fin principal del hombre es glorificar a Dios y gozar de Él para siempre". Debemos glorificar a Dios como sus hijos creados, ahora redimidos, en nuestro trabajo, en nuestra sexualidad, en nuestra piedad; en todo lo que somos y lo que hacemos en el mundo de Dios.

En segundo lugar, la Creación y la Caída explican la tendencia innata del hombre hacia la idolatría. El hombre fue creado para reflejar a la deidad y, como tal, para ser un adorador. La Biblia no pide tanto al hombre que adore como da por sentado que el hombre adora y por eso le ordena que adore al Dios vivo y verdadero (cf. Romanos 1:18 y ss.). Si el hombre no adora a Dios, adorará cualquier cosa. Si el hombre no honra a Dios como Dios, en su idolatría cambiará a Dios por un ídolo más conveniente. No es que el hombre deje su conciencia de Dios y cese de expresar su religiosidad innata. Más bien cambia de deidad. Rechaza a Dios y se entrega religiosamente a sí mismo y a sus ídolos. Como pecador caído, el hombre niega su conocimiento del Creador, se apropia de la categoría de deidad y se hace pequeños dioses para sí mismo, ídolos manipulables a su antojo, que aparentemente le permiten satisfacer sus concupiscencias sin temor al castigo. Su idolatría es un intento religioso de escapar al juicio de Dios, de quien es consciente de forma innata porque es imagen de Dios y debe dar cuenta de su vida delante de Él. Es necesario hablar al hombre caído acerca de su Creador y que su idolatría quede al descubierto.

En tercer lugar, todo esto significa que debemos predicar el Evangelio. La negación de Dios como nuestro Creador ha ocasionado la profanación de la dignidad básica del hombre moderno. El hombre de hoy se define con respecto a los animales en lugar de definirse en relación con Dios, y en consecuencia lleva una vida violenta, desenfrenada y salvaje. Pero en su conciencia, el hombre sabe que es algo más que un animal. Es preciso que nos dirijamos a la conciencia y prediquemos a los hombres el Evangelio empezando por la Creación como hizo Pablo en Atenas (cf. Hechos 17:22 y ss.).

El hombre moderno, secular y científico está hoy más inclinado que nunca a escuchar respuestas religiosas a las preguntas de la vida. Se encuentra mirando lleno de sobrecogimiento religioso a través de sus telescopios, microscopios, y sus simulaciones informáticas. Se enfrenta al misterio en la Creación. Anhela revelación. Comienza a ser consciente de que existe algo o Alguien aparte de sí mismo que determina la realidad y se encuentra en una esfera que no puede penetrar con su inteligencia finita y su tecnología limitada. Se descubre también probando respuestas paganas para este mundo creado, que aún le señala hacia el Dios Creador. Debemos apresurarnos y evangelizar a nuestros semejantes caídos antes de que canalicen su religiosidad hacia los ídolos y acaben honrando *"a las criaturas antes que al Creador, el cual es bendito por los siglos. Amén"* (Romanos 1:25). Los paradigmas de "la Ilustración" se desmoronan y el "hombre posmoderno" es cada vez más vulnerable al resurgir del paganismo de la antigüedad. Hemos de aprovechar la oportunidad para hablar a los hombres de su Creador y Dios que *"de tal manera amó [...] al mundo que ha dado a su Hijo unigénito, para que todo aquel que en él cree, no se pierda, mas tenga vida eterna"* (Juan 3:16). Es necesario que confrontemos a los hombres con las exigencias del Dios que los creó y que los emplaza para el Juicio. Debemos expresar el Evangelio no en el contexto de las necesidades que padece el hombre, sino en el contexto de la gloria del Dios Creador.

En medio de la confusión moral y religiosa del hombre, hemos de afirmar con toda confianza que *"en el principio creó Dios los cielos y la tierra"* (Génesis 1:1). Edificando sobre esta verdad fundamental, anunciemos la sublime gracia de nuestro buen Creador que está dispuesto a ser el Redentor de todos aquellos caídos portadores de la imagen de Dios que sencillamente confíen en su Hijo Jesucristo. ¡El Hijo de Dios encarnado ha venido a redimir a los hijos creados que cayeron! ¡Él lo puede hacer! ¡Dios aún se deleita en bendecir a los hombres! ¡El Dios que da la vida y la sostiene quiere que confíes en su Hijo y te vuelvas de tu idolatría egocéntrica para seguir a Cristo! ¡Qué buena noticia! ¡El Dios Creador hace ahora nuevas criaturas de aquellos que sencillamente creen en el Cristo crucificado y resucitado! Que todos conozcamos al Creador como nuestro misericordioso Redentor para salvación, por el poder de su gracia soberana y su amor que nos dio gratuitamente en nuestro Señor y Salvador Jesucristo.

2.
Características de la masculinidad antes de la Caída

A continuación vamos a separar a Adán de Eva con el fin de determinar los rasgos distintivos de su masculinidad antes de la Caída. Nos interesa centrarnos en aquellos aspectos que pertenecen al ejercicio del liderazgo. Cuando estudiamos al hombre en Génesis 2 podemos observar que ya está ejerciendo su autoridad antes de la creación de la mujer. Este enfoque, que separa a Adán de Eva, es también el de Pablo, que considera que el orden secuencial de la Creación guarda relación con una visión de los sexos dentro del Nuevo Pacto: *"Porque Adán fue formado primero, después Eva"* (1 Timoteo 2:13). Esto vuelve a destacarse en 1 Corintios 11:8-9: *"Porque el varón no procede de la mujer, sino la mujer del varón, y tampoco el varón fue creado por causa de la mujer, sino la mujer por causa del varón"*.

El mayordomo de la Tierra: el trabajador
Hemos visto que la vida creada es un tejido de interdependencias en el que todos los elementos viven en mutua necesidad de los demás. El hombre fue igualmente concebido para integrarse en el tejido de la vida.

Tiene una relación con la Tierra que beneficia tanto al uno como a la otra. El hombre satisface las necesidades inherentes de la Tierra y, esta satisface las necesidades inherentes del hombre. Es por medio del trabajo del hombre como se satisfacen estas necesidades mutuas. En Génesis 2:5-6 se nos dice que la tierra necesitaba de alguien que la cultivase. La vegetación precisaba humedad, así como también la impronta del trabajo del hombre. El rocío regaría la tierra. Pero el trabajo de Adán satisfaría la necesidad del terreno de ser cultivado (cf. Génesis 2:15). Su relación con la tierra es un equilibrio entre dependencia y dominio. Él la *cultiva*: se ocupa de ella y satisface sus necesidades. También es su *guardián*: administra, gobierna y ejerce autoridad sobre ella. El hombre cuida la tierra y ejerce autoridad sobre ella, pero la tierra también cumple con su función de sustentar la vida del hombre.

Aquí vemos su liderazgo ya en acción respecto de la Tierra sobre la cual el hombre ejerce dominio. Aunque las plantas le fueron dadas como alimento (cf. Génesis 1:29-30), el trabajo del hombre, no obstante, es necesario y se califica de *muy bueno*. Su masculinidad distintiva puede verse en ese trabajo enfocado hacia su entorno, por medio del cual se obtienen las provisiones para la vida. El trabajo no le es impuesto como resultado de la Caída. No es una "maldición", sino que forma parte de la Creación buena y es esencial para una masculinidad bíblica. Que el trabajo es un rasgo distintivo de masculinidad puede verse en el hecho de que es en esta faceta donde más tarde será disciplinado en Génesis 3:17-19.

El mayordomo de las palabras: el definidor

La Creación está condicionada por las palabras. Cuando leemos Génesis 1, vemos que se habla mucho (cf. Salmo 33:6; Juan 1:1-3; Hebreos 11:3). El hombre, creado a imagen de Dios, se distingue por ser una "criatura de palabras". Gracias al soplo de Dios, el hombre se diferencia de los animales en que es capaz de comunicarse verbalmente. Es en su responsabilidad de comunicarse por medio de las palabras y en su capacidad para ello donde encontramos otra distinción esencial entre los sexos y, según creo, el quid de la cuestión del liderazgo masculino. El hombre, de manera especial, es constituido mayordomo de las palabras.

Dios le confía tres tipos de palabras. En primer lugar, Adán recibió "palabras de creación" (cf. Génesis 1:28-30). Dios *les dijo* estas palabras al hombre y a la mujer conjuntamente, como pareja. Pero según la cronología de Génesis 2, Adán, mientras aún estaba solo, tuvo que haber conocido estas "palabras de creación", porque ya vivía conforme a ellas antes de la creación de la mujer. Él ya estaba cumpliendo aspectos del "mandato de dominio" y, por consiguiente, ejerciendo su liderazgo en algunos campos antes de que la mujer fuese formada. Dios utiliza estas "palabras de creación" para definir la realidad creada y estas determinan la forma en que se sostendría en el tiempo el tejido vivo de la Creación. Dios bendijo a la pareja al darles significado y propósito: ellos reinarían sobre la Creación, llenándola de otros seres portadores de la imagen divina y dejando la impronta de su trabajo y creatividad en todos los terrenos. El mundo, a su vez, proporcionaría abundancia de alimento para ellos y para los animales sobre quienes ejercían su supremacía y de los que cuidaban.

En segundo lugar, el hombre recibió "palabras de reposo" (cf. Génesis 2:3). Dios *bendijo* el día de reposo, un día de tiempo santificado. *Bendecir* implica hablar (cf. Génesis 1:28: "*Y los bendijo Dios, y les dijo*"). Después Dios *santificó* este tiempo. *Santificar* implica apartarse del pecado y volverse a Dios. Es interesante observar que la santificación del día de reposo se produce antes de la introducción del pecado en el mundo. En el período anterior a la Caída, el día séptimo debía ser santificado por medio de una vinculación especial a Dios y de estar ligado de algún modo a su presencia personal. Podemos imaginar a Adán trabajando durante seis días ante el Creador omnipresente, glorificándole al reflejar su imagen en su trabajo. Luego el séptimo día Adán recibía la bendición culminante y consumada: tiempo para disfrutar en la presencia especial de Dios durante el día de reposo. El descanso y el refrigerio eran suyos en comunión con el Dios vivo que tiene intimidad con el hombre en el amor filial de un padre con su hijo. Que tal bendición del día de reposo es una mayordomía propia del hombre puede comprobarse en la enseñanza de Jesús en Marcos 2:27, donde aprendemos que el día de reposo fue *hecho*, o creado, por causa del *hombre*. No es de extrañar que la responsabilidad moral por el trabajo y el día de reposo recaiga sobre los hombros del varón como cabeza del hogar también en el cuarto mandamiento (cf. Éxodo 20:9-11; Deuteronomio 5:12-15). Debemos concluir que la mayordomía de mantener la adoración a Dios es un rasgo consustancial a la masculinidad distintiva.

En tercer lugar, Adán recibió "palabras de ley" (cf. Génesis 2:16-17). Es importante observar que estas palabras, que expresaron los términos del ejercicio de su autoridad divinamente constituida, fueron ordenadas y confiadas al hombre antes de la creación de la mujer y aparte de ella. Correspondía, por tanto, al hombre comunicar estas palabras a la mujer en ejercicio de su liderazgo. Es crucial que nos demos cuenta de que cuando la mujer fue creada, toda la Creación había recibido ya su nombre y había sido definida por las palabras de Dios y las palabras del hombre.

En la esencia de la masculinidad bíblica se encuentra la mayordomía del hombre como "el definidor". Es cumpliendo su misión de comunicador verbal como el hombre puede reflejar a Dios de manera singular en el ejercicio de su liderazgo. El habla de Dios se diferencia del habla del hombre en que solamente Dios *manda* a las cosas existir. El término hebreo *'amar* se dice solamente de Dios en Génesis 1 (cf. Salmo 148:5; 33:6, 9). Pero tanto Dios como el hombre *llaman* o *dan nombre* a las cosas creadas. El hombre, en Génesis 2:19, *llama* o *da nombre* a los animales. Luego en Génesis 2:23 igualmente *da nombre* a la mujer. Esta actividad es un acto de autoridad y gobierno, en ejercicio de sus funciones como cabeza. Esta es la culminación de la misión del varón de reflejar la imagen de Dios: la responsabilidad del hombre de dar nombre y definir la realidad en obediencia a las palabras de Dios. Una mayordomía fiel de las palabras de Dios es un rasgo distintivo esencial de la masculinidad tal como Dios la creó y constituye, como veremos, el asunto central de la Caída.

El mayordomo de la familia: la cabeza

La mujer junto con el hombre es imagen de Dios. De este modo recibe una distinción dentro de la Creación tan digna y noble como la del hombre. Entendemos que la mujer "es" todo lo que el hombre "es". Sin embargo, la mujer no se define en términos de su "ser", que comparte con Adán, sino en términos de su función: es *ayuda idónea* (cf. Génesis 2:18). Como imagen de Dios (cf. Génesis 1:27), la mujer ha sido concebida para desempeñar la función de facilitar el cumplimiento del "mandato de dominio" (cf. Génesis 1:28). Dios la creó para cumplir esa misión exclusivamente suya y así contribuir a sostener el tejido vital creado al tiempo que este la sostiene a ella. La razón por que fue creada puede percibirse en las necesidades inherentes de la Creación y del hombre. La Creación necesita de la mujer para que la Tierra pueda ser poblada y sojuzgada. El hombre necesita de ella a juzgar por el "no" discordante de Génesis 2:18: "*No es bueno que el hombre esté solo*". Necesita una compañera adecuada.

La Escritura describe la relación del hombre con la mujer utilizando la palabra *cabeza*. La teología moderna ha intentado interpretar "cabeza" con el significado de "fuente" u "origen", pero la Escritura nunca emplea este término en ese sentido. Con toda coherencia, en el Antiguo y en el Nuevo Testamento *cabeza* significa posición de autoridad sobre un subordinado funcional. La identidad de la mujer está inherentemente asociada a su función y su relación con el hombre. Es así como Dios la presenta a Adán y también como este le da nombre: en relación con el varón.

Si no conseguimos ver el acento que se pone sobre la

función de la mujer, y no sobre su ser en sí mismo, malinterpretaremos los propósitos de Dios para el hombre como cabeza. Consideremos 1 Corintios 11:3: *"Pero quiero que sepáis que Cristo es la cabeza de todo varón, y el varón es la cabeza de la mujer, y Dios la cabeza de Cristo"*. Fijémonos en la disposición de las cabezas. Cabría esperar un organigrama lineal, jerárquico, de arriba abajo: Dios – Cristo – hombre – mujer. En cambio, Pablo nos sitúa en la parte intermedia de la disposición esperada: Cristo – hombre – mujer – Dios – Cristo. Cristo es el primero y el último en el diagrama de Pablo. De este modo, Cristo es el modelo tanto para el liderazgo del varón, como para la sumisión de la mujer. Ambos son igualmente discípulos de Cristo, pero nuestro discipulado se expresa en comportarnos según nuestro sexo. Los hombres discípulos aprenden a ejercer autoridad de Aquel que es su cabeza. Las mujeres discípulas aprenden a someterse a sus maridos de Aquel que está bajo el liderazgo de su Padre. Fijémonos en 1 Corintios 11:7: *"Porque el varón no debe cubrirse la cabeza, pues él es imagen y gloria de Dios; pero la mujer es gloria del varón"*. El hombre cristiano, al someterse a Cristo, glorifica a su cabeza, a Cristo. De igual modo, la mujer (esposa) cristiana debe glorificar a su cabeza, al varón (marido). Pero el hombre, habiéndosele dado el liderazgo, debe también glorificar a Dios al ejercerlo. El hombre que ejerce un liderazgo piadoso glorifica a Dios en su masculinidad distintiva y de ese modo recibe gloria de su esposa. El abuso de su liderazgo trae ignominia sobre el hombre que, de ese modo, deja de glorificar a Dios al no ejercer la autoridad según el modelo divino, en sumisión a Dios.

Aplicaciones

En primer lugar, es preciso que nos demos cuenta de la dignidad de nuestro trabajo. El trabajo fue dado al hombre antes de la Caída y debe hacerse con el fin último de dar gloria de Dios. Si trabajamos meramente por dinero o pensando en nuestro propio interés, reflejaremos una imagen deformada de la gloria de Dios y saldremos perdiendo con ello. En Colosenses 3:22-24 se nos dice que nuestro trabajo debe hacerse *"como para el Señor"*. Debemos también darnos cuenta de que la Escritura describe al hombre como el principal proveedor material para el hogar. En 1 Timoteo 5:8 se emplea el género masculino: *"Porque si alguno no provee para los suyos, y mayormente para los de su casa, ha negado la fe, y es peor que un incrédulo"*. Es del hombre de quien se dice que puede negar la fe, si no provee para su propia casa. Sí, la mujer de Proverbios 31 participa en el mercado económico, pero solamente hasta cierto punto, de forma que su casa, que es su campo de trabajo principal, no se vea comprometida y pueda ser la primera beneficiada de su labor.

La auténtica masculinidad se demuestra, por tanto, en la medida en que el hombre se esfuerza por convertirse en un buen trabajador. En días en que se afirma que la virilidad consiste en machismo vano, o violencia, o ligero afeminamiento, necesitamos anclarnos en la roca de esta "ordenanza de la Creación" y confiar en que nuestra masculinidad será confirmada si trabajamos con una *buena* ética laboral siendo portadores de la imagen de Dios. Debemos cultivar hábitos personales de auto-disciplina, esmero, perseverancia y prudencia en lo financiero. Debemos mortificar la pereza y la desorganización. Los hombres solteros deberían darse cuenta de que su futura esposa sin duda apreciará esta capacidad de proveer para ella mucho más que su musculatura o su peinado. El hombre soltero cristiano debería entregarse a las prioridades que Dios estableció para Adán mientras aún estaba solo. Es necesario que el hombre soltero cristiano se establezca en una vocación viable. Así también los hombres casados que proporcionan a su familia un sentimiento de protección y provisión son mucho más respetados que aquellos cuya incompetencia laboral expone a su familia a la inseguridad financiera.

En segundo lugar, el hombre que quiere glorificar a Dios como "el definidor" debe cultivar aptitudes competentes de comunicación. En el ejercicio de su autoridad bíblica como cabeza, tendrá que guiar a otros, comunicando con amor la verdad de Dios. Puede verse al esposo en esta actividad de la comunicación en Efesios 5:26: *"para santificarla, habiéndola purificado en el lavamiento del agua por la palabra"*. El término griego que aquí se traduce por *palabra* es la palabra hablada, subrayando que las aptitudes verbales de los maridos son el medio a través del cual estos ejercen su autoridad santificadora. Fijémonos en 1 Tesalonicenses 2:10-12: *"Vosotros sois testigos, y Dios también, de cuán santa, justa e irreprensiblemente nos comportamos con vosotros los creyentes; así como también sabéis de qué modo, como el padre a sus hijos, exhortábamos y consolábamos a cada uno de vosotros, y os encargábamos que anduvieseis como es digno de Dios, que os llamó a su reino y gloria"*. Cuando Pablo recuerda las actividades de un padre, le describe como un comunicador verbal.

Pablo también aplica el principio de la cabeza a la Iglesia en 1 Timoteo 2:11-15: *"La mujer aprenda en silencio, con toda sujeción. Porque no permito a la mujer enseñar, ni ejercer dominio sobre el hombre, sino estar en silencio. Porque Adán fue formado primero, después Eva; y Adán no fue engañado, sino que la mujer, siendo engañada, incurrió en transgresión. Pero se salvará engendrando hijos, si permaneciere en fe, amor y santificación, con modestia".* Las mujeres tienen prohibido ejercer dominio y enseñar: los dos aspectos esenciales del ejercicio de la autoridad del hombre. El liderazgo tal como era en la Creación aún está en vigor en el tiempo presente de la Iglesia. Por tanto, se prohíbe a las mujeres ser ancianos, que es el cargo de gobierno e instrucción de la iglesia. Esta prohibición no es la expresión de costumbres culturales pasajeras, sino que es esencial para la ordenación divina de la vida creada, una vida que aún vivimos en el presente siglo, un siglo que aún está condicionado por el orden de la Creación original.

Esta cuestión es, quizá, el mayor reto de nuestro estudio. Como hombres, somos definidores. Nuestras esposas y nuestros hijos, por lo general, experimentan la vida ateniéndose a nuestras definiciones de la misma. ¿Qué clase de comunicadores somos? ¿Definimos la vida según la Palabra de Dios? ¿Hablamos la Verdad con amor sin comprometer la autoridad de la Escritura? ¿Son nuestras familias seguras emocionalmente porque escuchan nuestras palabras y han llegado a confiar en que lo que decimos es cierto?

En tercer lugar, es en nuestra obediencia al cuarto mandamiento donde se fragua la masculinidad piadosa. *"Acuérdate del día de reposo para santificarlo. Seis días trabajarás, y harás toda tu obra; mas el séptimo día es reposo para Jehová tu Dios; no hagas en él obra alguna, tú, ni tu hijo, ni tu hija, ni tu siervo, ni tu criada, ni tu bestia, ni tu extranjero que está dentro de tus puertas. Porque en seis días hizo Jehová los cielos y la tierra, el mar y todas las cosas que en ellos hay, y reposó en el séptimo día; por tanto, Jehová bendijo el día de reposo y lo santificó"* (Éxodo 20:8-11). ¿A quién se dirige este mandamiento? Al varón como cabeza del hogar. Debemos mantener nuestro trabajo en su justo lugar, santificando el día de reposo. Nuestro liderazgo se mantiene en equilibrio a medida que aprendemos a dar la espalda a nuestras luchas laborales, por lo demás legítimas, y nos esforzamos por respetar el tiempo de adoración a Dios. Al guardar el día de reposo, alineamos a nuestras familias con la comunidad del Señor bajo el gobierno de su Palabra. Allí, en armonía con la comunidad de los redimidos, juntos en sumisión a esa Palabra, otorgamos significado bíblico a la vida al comunicar el amor y la verdad de Dios a otros. *"Velad, estad firmes en la fe; portaos varonilmente y esforzaos. Todas vuestras cosas sean hechas con amor"* (1 Corintios 16:13-14).

Aquí es donde reside el desafío de nuestra masculinidad. Este es el perfil de la masculinidad según Dios: un hombre que puede trabajar diligentemente y proveer para su hogar; un hombre que entiende la vida como la define la Palabra de Dios y que puede comunicar la verdad de Dios con amor; un hombre cuyo liderazgo genera confianza y seguridad en aquellos que están bajo su responsabilidad. Esos son los hombres que nuestras familias necesitan desesperadamente. Esos son los hombres que nuestras iglesias necesitan desesperadamente. Esos son los hombres que nuestra sociedad necesita desesperadamente. Esos son los hombres que glorifican a Dios. Preguntémonos: "¿Soy yo uno de esos hombres?"

3.
Adán renuncia a su liderazgo

Ahora que vamos a tratar el asunto de la Caída, puede que estemos predispuestos a compadecer a Adán, pobre víctima, presa del diablo y arrojado a la muerte y a la consternación. Por muy trágica que nos parezca la Caída, sin embargo, es preciso que nos demos cuenta de que Adán actuó con una maldad asombrosa. En su dignidad de rey de la Creación como *imagen de Dios*, abandonó deliberadamente sus responsabilidades y rechazó de forma blasfema a su Creador y Padre. Deberíamos sentir una repulsa moral hacia este hombre que, sin razón convincente alguna, introdujo la muerte en la Creación. Nuestra repulsa por su pecado cobarde debería incitarnos a tomar la determinación de no renunciar también nosotros a nuestro liderazgo.

"Y la serpiente era más astuta que cualquiera de los animales del campo que el SEÑOR Dios había hecho. Y dijo a la mujer: ¿Conque Dios os ha dicho: "No comeréis de ningún árbol del huerto"? Y la mujer respondió a la serpiente: Del fruto de los árboles del huerto podemos comer; pero del fruto del árbol que está en medio del huerto, ha dicho Dios: "No comeréis de él, ni lo tocaréis, para que no muráis". Y la serpiente dijo a la mujer: Ciertamente no moriréis. Pues

Dios sabe que el día que de él comáis, serán abiertos vuestros ojos y seréis como Dios, conociendo el bien y el mal. Cuando la mujer vio que el árbol era bueno para comer, y que era agradable a los ojos, y que el árbol era deseable para alcanzar sabiduría, tomó de su fruto y comió; y dio también a su marido que estaba con ella, y él comió" (Génesis 3:1-6 LBLA).

El ataque de la serpiente

No nos interesa tratar la Caída del diablo en este estudio, pero de inmediato aprenderemos que no podemos entender nuestro estado caído sin tener en cuenta al *padre de mentira* (cf. Juan 8:44). La serpiente calumnia a Dios atacando su liderazgo, especialmente su mayordomía de las palabras de Dios.

Satanás utilizó a una criatura, la serpiente, para comunicar sus engaños y calumnias en su intento de desplazar al hombre de su liderazgo. Satanás se dio cuenta de que si conseguía apartar a Adán de su liderazgo, todo el orden de la Creación se desmoronaría. Dios dispuso la Creación como un todo unificado, ordenado en forma de jerarquía con Él mismo situado en el lugar más alto; luego la pareja unida en un solo ser como imagen suya, gobernando sobre los animales y las plantas en un mundo sin Satanás: Dios — la pareja (hombre y mujer) — los animales — las plantas — sin Satanás. El diablo quiso invertir ese orden, romper la unidad que reinaba entre los seres vivos y colocarse en el lugar preeminente. Para ello debía manipular a las plantas y a los animales con el fin de quebrar el vínculo entre la mujer y el hombre y destruir el liderazgo de este, malogrando así la imagen divina para conseguir un mundo sin Dios: Satanás — plantas — animales — mujer — hombre — sin Dios.

El ataque contra el liderazgo del hombre como cabeza se hace evidente al usurpar Satanás la posesión de las palabras que tenía el hombre. Una serpiente parlante asume el liderazgo sobre la mujer e intenta redefinir las palabras de ley formuladas por Dios. La incita al motín poniendo al Creador y Padre en entredicho. Quiere invertir el orden creado tergiversando primero las palabras de Dios. Calumnia a Dios en cuanto a su veracidad, cuestionando la certeza de su precepto con la esperanza de que eso inducirá al hombre a la rebelión contra la autoridad divina. Centrándose en la prohibición de Dios, espera lograr que el hombre dude de la bondad de Dios. Negando el castigo anunciado por el Creador, espera lograr que el hombre dude de la justicia de Dios. La estrategia es sencilla: conseguir que la pareja desconfíe de Dios, que empiece a dudar, que luego niegue y finalmente que desobedezca las palabras de Dios. El objetivo es traer la anunciada pena de muerte sobre el hombre y de ese modo tratar de forzar a la mano misma de Dios a que destruya su imagen y privarle de su propia gloria. Rara vez prestamos la debida atención a la perversidad de Satanás, lleno de maldad, odio y blasfemia.

El diablo, al tentar a la pareja, se basa en un supuesto común a toda idolatría: la negación de la distinción entre Creador y criatura. Con intenciones asesinas y blasfemas, Satanás, valiéndose de engaños, ataca la dignidad del hombre como imagen de Dios. Desde el principio, Satanás es mentiroso y homicida. Dialoga con la pareja y les tienta a creer que hay algo defectuoso en la Creación, de hecho en ellos mismos. En efecto, ser imagen de Dios se juzga insuficiente. El hombre no debe contentarse con ser imagen de Dios, sino que debería en cambio convertirse en un dios. Aquí se introduce al hombre en una visión de la realidad según una "escala del ser". Es tentado a pensar que se le ha situado injustamente en uno de los peldaños más bajos y que, si el mundo fuera realmente "bueno", el hombre estaría mucho más arriba en la "escala del ser" y tendría estatus de Creador y no de criatura. El diablo miente al hombre y le dice que hay un defecto moral en su condición de criatura. Le induce a dudar de su Creador y Padre, y a cuestionar los motivos y propósitos de Dios. Le tienta a pensar que tiene un problema metafísico que solo puede resolverse redefiniendo la moral. Lo que Dios calificó de *bueno* no es tan bueno después de todo. No es bueno que el hombre se defina como una mera criatura, como imagen de Dios. ¿Por qué no habría de tener más bien estatus divino? El diablo le anima a creer que si desobedeciera a su Creador y Padre, descubriría que la criatura es, de hecho, un dios.

El fin último del ataque de Satanás queda demostrado en la mentira de Génesis 3:4: *"Ciertamente no moriréis"* (LBLA). Habiendo despertado la duda sobre la bondad y la justicia de Dios, ahora afirma claramente que el hombre puede pecar sin ser castigado por ello. Esa es la esencia de la mentira del diablo: que puedes pecar y escapar, que el pecado no será castigado. Estas son palabras nuevas a las que el hombre debe responder. Esta mentira viene al hombre como una revelación rival que busca desplazar la Palabra de Dios. Esta misma pregunta se formula a todo hombre desde Adán: ¿vas a creer las palabras verdaderas de Dios o las palabras mentirosas de Satanás?

La respuesta de la mujer

En primer lugar, Eva estaba donde no debía, ocupando erróneamente la posición de "portavoz". La mujer se hace vulnerable al situarse fuera de su lugar y su posición.

En segundo lugar, estaba equivocada y manipuló las palabras de Dios. Comparemos las palabras de Dios con las de Eva: *"Y mandó Jehová Dios al hombre, diciendo: De todo árbol del huerto podrás comer; mas del árbol de la ciencia del bien y del mal no comerás; porque el día que de él comieres, ciertamente morirás"* (Génesis 2:16-17). *"Y la mujer respondió a la serpiente: Del fruto de los árboles del huerto podemos comer; pero del fruto del árbol que está en medio del huerto dijo Dios: No comeréis de él, ni le tocaréis, para que no muráis"* (Génesis 3:2-3). La mujer omite la palabra *todo* que Dios utilizó y, en cambio, presenta una visión restringida de su libertad y de la abundante provisión de Dios. Al omitir ese término Eva muestra que tiene sus dudas acerca de la bondad de Dios. También omite la palabra *ciertamente*, lo cual minimiza la justicia divina, trivializando su advertencia de ejecutar el castigo. También añade *ni lo tocaréis*. ¿De dónde salieron estas palabras? Algunos sugieren que se originaron en la mujer y luego discuten si se trata de una "barrera piadosa" encomiable o de una queja impía y reprobable. Permítaseme sugerir que estas palabras pudieron originarse en Adán. Es posible que, en el debido ejercicio de su liderazgo antes de la Caída, el hombre hubiera hecho cumplir las leyes de Dios con sus propias leyes domésticas. Repitiendo fielmente a la mujer las leyes de Dios respecto al árbol en el legítimo ejercicio de su autoridad, pudo haber añadido "así que, por favor, no lo toques". Si estas son palabras de Adán, luego Eva, con legalismo farisaico, trasforma la ley del hombre en la Ley de Dios, lo que inevitablemente lleva a la trasgresión de la Ley divina.

La mujer se encuentra en un estado de profunda confusión. Permanece con la mirada fija en el fruto mientras se debate en el conflicto de las definiciones contrarias. En su ineptitud, une la definición que hizo Dios con la que hizo Adán, la contamina con la de Satanás y fabrica su propia definición. Como ya hemos dicho, Adán es "el definidor". Yo entiendo que Adán estaba *con ella* (cf. Génesis 3:6 LBLA) mientas se enfrentaba a la serpiente. Sin embargo, el hombre no interviene para aportar la definición y el liderazgo que le corresponden. Renuncia a su posición de liderazgo mientras su esposa sucumbe al engaño de Satanás atrapada en su confusión (cf. 1 Timoteo 2:14; Génesis 3:13). Es la negligencia de Adán lo que ha hecho vulnerable a la mujer.

Finalmente, Eva fue engañada. Minimizó la advertencia del castigo de Dios. Él dijo: *Ciertamente morirás* y ella dijo: *para que no muráis* [en el hebreo, literalmente: "no sea que muráis"]. En otras palabras, la posibilidad de la muerte existe, pero no es una certeza. Las palabras de la mujer trivializan el énfasis de la frase que Dios pronuncia: "muriendo morirás" [palabras literales del hebreo que en Génesis 2:17 se traducen como "ciertamente morirás"]. Eva no se toma en serio la advertencia del castigo divino. Ahora duda tanto de la bondad de Dios como de su justicia.

La mujer está ya desligada del liderazgo de Adán. Está separada de su cabeza, flotando en un mar de dudas contra Dios. En ese momento la serpiente ataca con su mentira envenenada compuesta de las propias palabras de Dios: *Ciertamente morirás* ("muriendo morirás"), pero añade su propia palabra: *¡no!* Cita las palabras intensificadas de Dios, luego las niega con insolencia y de ese modo clava su mentira asesina en su víctima voluntaria.

El pecado de la mujer

En primer lugar, Eva hace una nueva definición del fruto. Ahora *ve* en él un significado diferente del que Dios le dio. Ella lo define como *bueno para comer* y *agradable a los ojos*. Son palabras que Eva toma de la definición que hace Dios de los árboles en general (cf. Génesis 2:9: *"Todo árbol delicioso a la vista y bueno para comer"*), pero deja a un lado su definición de este árbol en particular. Lo redefine como *bueno*, vaciando el término del significado que Dios le da. ¡Utiliza las palabras de Dios como justificación para quebrantar sus mandamientos! Luego agrega la definición del diablo: *codiciable para alcanzar la sabiduría*. Sus ansias de alcanzar lo que Satanás llama sabiduría le hacen desear este fruto, quebrantando el décimo mandamiento (cf. 1 Juan 2:15-17). Junta las palabras de la definición de Dios y las palabras de la de Satanás para construir su propia definición del fruto y justificar su desobediencia al mandamiento de Dios.

En segundo lugar, Eva deseaba el fruto. El deseo de su corazón precede al movimiento de su mano. Busca la "iluminación" de la que se habla en Génesis 3:5. La palabra *sabiduría* que aparece en Génesis 3:6 se refiere a una clase de conocimiento abstracto y cabalístico. Es diferente de la "sabiduría" que se menciona en Proverbios, que relaciona la verdad conceptual con el comportamiento ético para producir justicia en la vida práctica. La *sabiduría* de Génesis 3:6 es, de hecho, inmoral. Es un conocimiento separado de los fundamentos morales de la Verdad asentados en el temor de Dios. Al creer la mentira, la mujer destruye el fundamento moral del conocimiento. Ha abandonado el temor de Dios que es el principio de la sabiduría y ahora busca la sabiduría de la iluminación demoníaca. Quiere saber lo que no le ha sido revelado, las cosas secretas que, según cree, Dios le ha ocultado injustamente (cf. Deuteronomio 29:29). Ahí está el origen del ocultismo: esa búsqueda de un conocimiento secreto que supuestamente solo puede experimentarse con la "iluminación". Eva presiente que, cuando sea iluminada, se convertirá en un ser divino.

Finalmente, vemos lo que hizo. Actúa poniendo su fe en la mentira y con un corazón lleno de codicia blasfema. *Tomó de su fruto.* Si la orden que impedía tocar el fruto provenía de Adán, entonces cuando tomó el fruto en su mano desobedeció a la autoridad de su cabeza. *Y comió*: aquí desobedeció la Ley de Dios (cf. Génesis 2:17). La serpiente no le hizo tragar el fruto. Eva actúa en la plenitud de su dignidad como portadora de la imagen de Dios. La mujer pecó.

El pecado del hombre

En primer lugar, abdicó de su liderazgo. Renunció a su cargo y abandonó a su mujer para que tratara con la serpiente. Dios le dio autoridad para *sojuzgar* la Tierra (cf. Génesis 1:28). "Sojuzgar" es un término militar que se utiliza en el Antiguo Testamento para describir la conquista de un enemigo. Cuando aquella serpiente empezó a hablar, Adán tenía autoridad para acallarla y silenciar a la bestia. Pero en lugar de actuar con decisión y declarar las palabras de Dios, abdicó y permitió que el diálogo diabólico prosiguiera. Fijémonos en Génesis 3:6. Adán estaba *con ella*. No sojuzgó a la serpiente, ni detuvo el diálogo, ni protegió a la mujer, ni defendió a su Creador y Padre. Aun después de haber comido del fruto, parece que la mujer siguió hablando con Adán (cf. Génesis 3:17) y él pudo haberlo evitado todo entonces. Pero no lo hizo. Cayó. Se sometió al dominio de la mujer. Escuchó su voz (cf. Génesis 3:17). Siguió su ejemplo: *"también"* (Génesis 3:6). Acató la autoridad de ella: como vemos en el versículo 6, cuando ella *dio*, él tomó. En Génesis 2:25, eran *"Adán y su mujer"*. Ahora se describe al hombre en términos de la mujer: *su marido que estaba con ella*.

En segundo lugar, Adán quebrantó la Ley de Dios: él *comió*. Podemos observar el incomprensible misterio del libre albedrío dado por Dios del hombre. En 1 Timoteo 2:14, Pablo nos dice que *"Adán no fue engañado"*. A sabiendas, deliberadamente, escogió pecar. John Murray escribe: "¿Cómo pudo un ser perfectamente santo y recto convertirse en pecador? No podemos saberlo. Constituye un problema moral y psicológico irresoluble. Todas los argumentos estaban en contra de cometer el pecado. Era, en su sentido más profundo, algo irracional" (*Collected Works* [Obras completas], p.75, Vol. 2, Banner of Truth Trust, 1977). La

Confesión Bautista de Fe de Londres de 1689 culpa directamente al hombre: "Adán, quien sin ninguna coacción, deliberadamente transgredió la Ley bajo la cual habían sido creados y también el mandato que les había sido dado, al comer del fruto prohibido" (Confesión Bautista de Fe de Londres, capítulo 6, párrafo 1). Actuó en total rebeldía y efectivamente cayó. Invirtió la dirección moral y espiritual de la Humanidad. No se trataba de un hombre moralmente neutral desviándose del camino recto. Era un hombre moralmente recto que dio media vuelta y se dirigió en sentido opuesto: ¡hacia la muerte!

Aprende a reconocer la estrategia del diablo

En primer lugar, querrá calumniar el carácter de Dios. Satanás trata de crear dudas sobre Él. El diablo tienta al hombre para que acuse al Creador de no ser bueno. En consecuencia, muchos no le glorifican como a Dios ni le dan gracias (cf. Romanos 1:21) porque se han convencido de que les ha hecho una injusticia. ¿Albergas malos pensamientos sobre Dios? ¿Dudas de su profunda bondad? ¿Aún no le das gracias a pesar de la generosidad que te ha demostrado de innumerables maneras? Guárdate de creer las mentiras del diablo.

En segundo lugar, le gusta dialogar. Puede que los hombres quieran que dialoguemos sobre la Escritura, pero lo que necesitan es escucharnos declarar la Palabra. Los pecadores necesitan escuchar "*la locura de la predicación*" (1 Corintios 1:21). Pablo describe este método en el versículo 22: "*Nosotros predicamos a Cristo crucificado*". Los pecadores no obtienen provecho alguno de discusiones vanas que surgen del pozo común de la ignorancia y solamente les confirman en su común ceguera. Es necesario declarar la Palabra con autoridad a los pecadores. Guardémonos de ese "diálogo" que presupone la duda y genera más inseguridad sobre la Palabra de Dios. Suele haber una peligrosa semilla de rebeldía en dichas "inocentes discusiones".

En tercer lugar, el diablo tratará de convencerte de que puedes pecar sin ser castigado por ello. Fíjate en el necio del Salmo 10. En el versículo 4 vemos a un ateo declarado. Luego en el versículo 11 intenta convencerse de que este Dios, que según él no existe, simplemente no verá su pecado ni le juzgará por ello. Hacia el versículo 13, ya ha hecho una religión de su negación del castigo divino. Ora y sostiene que Dios no requerirá justicia de él. Su religión toma como premisa la doctrina de un Dios injusto que no castigará a los pecadores. Esta doctrina no se origina ni en Dios ni en el hombre, sino en el diablo. La idea de que el hombre puede pecar y escapar al castigo es una doctrina derivada de la revelación rival del diablo, por lo general no escrita, pero a veces escrita. Esta revelación rival busca dejar a un lado las advertencias de Dios contra el pecado y engañar a los hombres para que crean la mentira y se entreguen a la idolatría. Cree a Dios. El pecado ciertamente será castigado: ¡con la muerte!

En cuarto lugar, el diablo intentará adularte, haciéndote creer que puedes convertirte en un dios. El medio que utiliza es enseñar a los hombres a considerar que la realidad según las categorías de la "escala del ser". "Dios" es simplemente el grado más alto de la escala, hecho del único tipo de ser que hay, el mismo que todos compartimos. "Dios" no es una clase distinta de ser trascendente; la Escritura revela que hay dos clases de categorías de seres: la del Creador y la de lo creado. Cuando los hombres albergan la idea de una creación defectuosa de origen y consideran erróneo el estatus con que el hombre fue creado, surge una falsa religión. Nuestro problema pasa a ser entonces más metafísico que moral. Una vez eliminada la distinción entre Creador y criatura, la "salvación" se convierte en el intento del hombre de escalar hasta un nivel más alto de la "escala del ser" y así llegar a ser "uno con Dios". Hay varios métodos posibles, la mayoría de ellos relacionados con alguna experiencia mística de la llamada "iluminación". Pero todo esto está basado en una idolatría de fondo en la cual el hombre, la criatura, o bien se considera un dios, o bien se otorga a sí mismo el derecho de deificar a la criatura. Pablo acusa al género humano de haber *"cambiado la verdad de Dios por la mentira, honrando a las criaturas antes que al Creador, el cual es bendito por los siglos. Amén"* (Romanos 1:25).

En quinto lugar, el diablo trata de llevar a cabo todo esto tentando al hombre a renunciar a su liderazgo. Toda su obra está encaminada a desalojar a la mujer de su posición en relación con el hombre. Después intenta forzarla a asumir la responsabilidad de liderazgo del hombre. Esto únicamente puede hacerlo si el hombre renuncia a su posición. Por su negligencia egoísta de su deber y su dignidad, el hombre hace vulnerable a la mujer. Amigo, ¿dónde está tu mujer? ¿Está ahí fuera dialogando con las doctrinas de demonios que predican la televisión, la radio, las revistas y sus "amigas"? ¿Estás descuidándola y exponiéndola a otras autoridades rivales dañinas? Como sucede con Adán, así también con nosotros, hermanos; el bienestar del mundo y el honor de Dios requiere de nosotros que seamos auténticos hombres de Dios. ¡Levantaos, oh, hombres de Dios!

4.
La muerte del hombre

No debemos dudar que la pareja murió de hecho en el momento en que Adán ingirió el fruto prohibido. Aunque no "cayeron muertos" enseguida físicamente, sin embargo la muerte comenzó su presente tiranía. Tengamos la seguridad de que en Génesis 3:7-8 se narran las acciones de dos muertos: *"Entonces fueron abiertos los ojos de ambos, y conocieron que estaban desnudos; entonces cosieron hojas de higuera, y se hicieron delantales. Y oyeron la voz de Jehová Dios que se paseaba en el huerto, al aire del día; y el hombre y su mujer se escondieron de la presencia de Jehová Dios entre los árboles del huerto"*.

La muerte se manifiesta básicamente en una separación, una ruptura de lo que Dios creó para que existiera como un solo ser. Deberíamos considerar la muerte como separación, y no como aniquilación. La Creación es un tapiz viviente, un tejido de elementos complementarios, cada uno entretejido con los demás en dependencia mutua, ayudándose recíprocamente unos a otros. La muerte rasga ese tejido vivo por la mitad. Cuando la pareja desobedeció, la unidad de la Creación empezó a deshacerse. Aparecieron grietas y divisiones en el orden creado. Lo que Dios había unido empezaba a separarse.

La muerte se manifestó en su ser mismo

En primer lugar, la muerte se manifestó en forma de una nueva conciencia: *los ojos de ambos fueron abiertos*. La promesa de la serpiente (cf. Génesis 3:5) aparentemente se cumplió. Sí, experimentaron su "iluminación". Pero ese abrir los ojos que produce Satanás es la misma muerte que Dios anunciaba como castigo si se desobedecía su Ley. Adán comenzó a ver las cosas como un muerto, separado de Dios y de su Palabra. Sus ojos se abrieron para ver un mundo condicionado por la muerte y definido por las palabras del engaño del diablo. La muerte se manifestó en su conciencia, en su experiencia de conocimiento de la realidad. Fíjate en la importancia que se da al conocimiento: *"el árbol de la ciencia"* (Génesis 2:17), *"sabe Dios"*; *"sabiendo el bien y el mal"* (Génesis 3:5); *"codiciable para alcanzar la sabiduría"* (Génesis 3:6); *"y conocieron"* (Génesis 3:7). El diablo quiere engañarnos haciéndonos creer que nuestro problema es la ignorancia y su solución, la iluminación. Pero la elección de Adán no fue entre la ignorancia y el conocimiento, sino entre el conocimiento obediente y el desobediente, entre el conocimiento moral y el inmoral. El hombre no era ignorante. Daba nombre a los animales y actuaba como mayordomo de la Tierra y de las palabras. Es cierto que Adán no conocía del mismo modo que Dios conoce. No era omnisciente. Pero su conocimiento era verdadero y recto y lo disfrutaba en una vida de comunión con Dios. Tras la Caída, su conocimiento se tornó falso e inmoral y comenzó a experimentarlo en un estado de muerte espiritual y apartado de Dios. Después de la Caída su conocimiento venía de la rebelión y estaba basado en el engaño. Sí, su conocimiento había aumentado y ahora conocía lo que antes ignoraba. Pero su conocimiento del bien y del mal era fruto de la desobediencia y estaba deformado por las mentiras de Satanás. En otras palabras, la iluminación hizo que la pareja viera la realidad desde la perspectiva del diablo: en un orgullo arrogante y rebelde, apartados de Dios y de su verdad, como pecadores muertos espiritualmente. En segundo lugar, la muerte se manifestó en su conciencia de identidad. El Adán caído empezó a conocerse a sí mismo en una forma que solo es posible para un hombre muerto espiritualmente, un hombre que experimenta el fenómeno de la separación en su interior. Adán ya no se veía unido a Dios, como imagen suya, sino que se definía a sí mismo en términos de sí mismo. Dios fue desplazado por el ser independiente y dejó de ser el punto de referencia para definir la identidad del hombre. En su muerte, Adán estaba totalmente absorbido por sí mismo. Ahora conocía su yo en un acto de separación: el yo contemplándose a sí mismo. Estamos muy acostumbrados a pensar de esta manera. Pero veamos cómo era Adán. Antes se conocía a sí mismo solamente en términos de Dios y de los vínculos que su vida tenía con la Creación. Pero con la Caída se rompen esos vínculos con la Creación y con Dios. Ahora, en su muerte, tiene una conciencia aislada y fragmentada. Se conoce a sí mismo por sí mismo al experimentar la separación en su interior mientras su hombre inmaterial contempla a su hombre material. Este conocimiento propio supone una división inherente en el interior del hombre. Se adquiere solamente desde la perspectiva de un yo separado, es decir, un yo muerto. Adán se separó a sí mismo de todo y de todos con el fin de conocerse a sí mismo, para

luego descubrir solamente que estaba desnudo.
En tercer lugar, la muerte se manifestó en su conciencia de culpa y en su vergüenza. Compara Génesis
2:25: *"estaban ambos desnudos [...] y no se avergonza-
ban"*, con Génesis 3:7 *"estaban desnudos"*, que es tanto
como decir que también estaban avergonzados. No es
que antes de la Caída no estuvieran desnudos y después
fueran desnudados. Más bien, su desnudez fue lo que
llegaron a conocer de sí mismos en el mundo caído.
Descubrieron que estaban desnudos como resultado de
su caída en la muerte por causa del pecado. Este conocimiento es, en sí mismo, una manifestación de la presencia de la muerte. En Génesis 3:10-11, observamos
que ese conocimiento que adquiere Adán de su desnudez se debe a su pecado y es una prueba de su culpa.
Estar desnudo en un mundo caído es estar expuesto a la
vergüenza y sujeto a la muerte. En 2 Corintios 5:2-4,
Pablo utiliza la terminología de la desnudez para describir "el estado incorpóreo" cuando el espíritu es separado del cuerpo. Cuando Pablo habla de la resurrección
del cuerpo, lo describe como "ser revestido". La muerte es estar *desnudo,* y recibir el cuerpo resucitado es
estar *revestido.* Nuestra esperanza no termina en la *desnudez* de la muerte con la separación de cuerpo y espíritu, sino en una vida *revestida* con la unión entre el espíritu y el cuerpo resucitado. Pero Adán se descubrió a
sí mismo en un estado de desnudez. Se conoció a sí
mismo en un estado de vergüenza y de culpa, deposeí-
do de la nobleza que tenía antes de la Caída. La idea de
vergüenza implica algo más que mero bochorno. La
vergüenza supone el descubrimiento horrorizado de que
aquello en que antes confiabas ha resultado ser vacío y

falso. Adán había puesto su esperanza en la mentira del diablo y había creído que comiendo del fruto sus ojos serían abiertos para descubrir que era, de hecho, un dios. En cambio, *fueron abiertos los ojos de ambos, y conocieron que estaban desnudos.*

La muerte se manifestó en la relación de la pareja

La pareja también sufrió la muerte en su relación. En primer lugar, con su división. Se vieron el uno al otro desde su perspectiva caída condicionada por la muerte: divididos, independientes y aislados el uno del otro. La pareja había sido creada para reflejar al Dios uno y trino. La frase de Génesis 1:26 está en plural: *"Hagamos al hombre a nuestra imagen"*. Fuimos creados para reflejar al Dios uno que, sin embargo, tiene conciencia de una identidad plural. Esto se reflejaba en la pareja antes de caer, ya que la conciencia de identidad de cada uno incluyó al otro inmediatamente y a la perfección. Porque para que Adán se conociera a sí mismo, le era necesario también conocer a su mujer, puesto que eran uno. Pero en el pecado, la conciencia de identidad plural se fracturó en dos conciencias de identidad individual.

En segundo lugar, la muerte se manifestó en su divorcio. Su iluminación se produjo a costa de su matrimonio. Inmediatamente comenzaron a actuar según lo que acababan de conocer y se separaron el uno del otro y de todo lo que Dios había concebido para ellos como pareja. Cuando cosieron hojas de higuera y se hicieron delantales, en el fondo se estaban divorciando. Las hojas de higuera sirvieron de barrera para su unión sexual. Es de tremenda importancia el hecho de que cubrieran sus intimidades y no sus ojos, ni sus oídos. Ya no estaban unidos sexualmente ni eran transparentes. Su sexualidad, antes definida por su unión mutua, de pronto quedó contenida en sus respectivas individualidades. Su unidad sexual fue destruida y la unión matrimonial que se había prometido en Génesis 2:23-25 se rompió. Las hojas de higuera también anunciaron un rechazo de los propósitos de Dios para su unión. Demostraban su rechazo al mandato de procreación. Demostraban su rechazo al compañerismo otorgado por Dios y el retorno a la soledad. Demostraban su rechazo al "mandato de dominio", que requería la unión del hombre y la mujer para llenar la Tierra y sojuzgarla.

La muerte se manifestó en su relación con Dios

En primer lugar, la muerte quedó de manifiesto a través de su respuesta religiosa superficial hacia el pecado. Las hojas de higuera eran en realidad una reacción religiosa de la pareja ante su sentimiento de culpa y el inminente castigo anunciado por Dios. Por definición, nuestra respuesta ante la amenaza de la ira divina es una respuesta religiosa. El hombre y la mujer sabían que estaban desnudos y, en consecuencia, trataron de cubrir superficialmente el foco de su rechazo a los propósitos de Dios para ellos. Las hojas de higuera fueron la respuesta superficial y egocéntrica del hombre a su conciencia de culpa ante Dios. Adán respondió al asunto espiritual del pecado ejecutando un rito externo. Esta reacción religiosa no era una religión para salvación, sino un rito religioso concebido para afirmar la esperanza que había depositado en la mentira del diablo: ¡que ciertamente no moriría! No pudo ver la suma pecaminosidad del pecado en relación con Dios. Pensó que si lograba cubrir el punto donde había tomado conciencia del pecado, entonces todo estaría bien. Pero su reacción solo tenía alguna utilidad ante los ojos humanos, no ante los ojos de Dios. En segundo lugar, la muerte se manifestó en su religión autosuficiente. Las hojas de higuera iban destinadas a la pareja: "*se hicieron* delantales". Esta respuesta religiosa era una religión centrada en el hombre, basada en las obras, hecha por el hombre para el hombre. De hecho, el hombre se convertía en el dios que debía ser apaciguado con este ritual. El hombre ejecutó un rito religioso muerto sin amor, quedó satisfecho consigo mismo y creyó que Dios también lo estaría. El hombre creyó la mentira y actuó como si verdaderamente se hubiese convertido en Dios. Su fervor religioso se dirigió hacia sí mismo puesto que había caído en la religión muerta y oscura de la adoración a sí mismo. Pero todo esto es una mentira: el hombre no puede ser Dios. Sin embargo, un hombre muerto no se cansa de adorarse a sí mismo. Se agarra a su hoja de higuera para apaciguar su sentimiento de vergüenza y no piensa en absoluto en satisfacer la justicia divina. Además, su recién fundada religión le enseña que Dios no descargará su ira. Su fe iluminada está cimentada en la herejía teológica de que Dios no es santo, ni justo, ni bueno. La religión se convierte en una venda psicológica centrada en el hombre, concebida para cubrir la herida emocional que sufre sobre su conciencia de culpa. El objetivo de la religión caída es justificarse a uno mismo, poder declarar "¡Para mí, estoy bien!" y quedar satisfecho. Que Dios esté satisfecho, o no, resulta irrelevante. Es una religión desprovista de arrepentimiento llena de una indiferencia perversa respecto a Dios. En realidad, solo se reconoce a Dios para engañarle y negarle. La religión, pues, se ha convertido en un arma contra Dios que consiste en un rito externo concebido para desviar su atención, no sea que Él también vea su desnudez. El hombre caído es religioso, pero se hace una religión para satisfacerse a sí mismo, una religión espiritualmente muerta, una religión ideada para mantenerse separado de Dios.

En tercer lugar, la muerte se manifestó cuando el hombre y la mujer se escondieron y rechazaron a Dios. En Génesis 3:8, Dios salió al huerto. Muchos se imaginan a Dios paseando tranquilamente, pero es posible que la pareja notara su proximidad por el sonido atronador de la majestuosa presencia del Juez del universo. Aquí vemos el comienzo del tema bíblico de "el día del Señor". Dios estaba presente para enjuiciar al hombre. Vino a examinar las pruebas y hacer justicia. ¡Pero qué maravilla de la gracia! ¡No vino a ejecutar el Juicio Final! En el juicio, se acordó de la misericordia y vino a liberar a la pareja de las mentiras de Satanás y a salvar a la Creación de la muerte. Pero la pareja huyó de Él. Se escondieron, un acto que confirma la presencia de la muerte. Se separaron de Dios y demostraron que sabían que merecían la muerte, que es la separación de Dios. Cuán terrible tragedia es contemplar a los nobles portadores de la imagen de Dios, agarrados a simples hojas de higuera, huyendo de su Creador y Padre. Se escondieron entre los árboles. Puedes imaginarte a Adán, agachado detrás de unos árboles, con la huella del dedo de Dios impresa sobre cada uno de ellos, testigos de la bondad de Dios y de los privilegios del hombre. Pero el mayordomo de la Tierra maltrató a las plantas y utilizó los árboles para protegerse de Dios. ¡Qué locura! Adán se escondió de la *presencia* de Dios (cf. Génesis 3:8), es decir, de su "rostro". Este antropomorfismo agudiza la tragedia personal del rechazo de Adán hacia su Creador y Padre. La expresión "rostro de Dios" refleja que es una persona: es el Dios que ve, oye, habla, comunica la Verdad con emoción y amor. El hombre malinterpretó los motivos por los que Dios se acercaba a él. Mientras Adán se encogía en su rebeldía, Dios avanzaba hacia él lleno de gracia para reparar la devastación que había ocasionado la muerte y, en última instancia, para destruir las obras del diablo. Sí, había que tratar el asunto de la Ley quebrantada. Pero, gracias a Dios, Génesis 3 no es el relato del Juicio Final, sino el del comienzo de la gracia salvadora de Dios otorgada a indignos pecadores.

¿Te das cuenta de que tu percepción de la vida está profundamente condicionada por tu pecado y está sujeta a la influencia de la muerte? ¿Comprendes que, en Adán, has caído en la muerte? A la luz de la Palabra de Dios, ¿empiezas a ver cómo la muerte domina tu existencia? ¿Puedes ver tu egocentrismo inherente? ¿Reconoces tus tendencias innatas a fomentar la separación entre las personas, aun entre aquellos a los que dices amar? ¿Sientes vergüenza por tu pecado delante de Dios? ¿O eres culpable de no dar demasiada importancia a tu pecado? ¿Confías neciamente en una forma de religión superficial "de hojas de higuera" que puede que te satisfaga en lo emocional y que esté aceptada socialmente, pero que en realidad no sirve de nada en relación con Dios? ¿Tu religión te salva o es una religión de hojas de higuera concebida para aplacar la ira de Dios y mantenerlo a distancia? ¿Tu religión es realmente la expresión de tu creencia errónea de que Dios no castigará a los pecadores, en lugar de una sumisión a su justicia ejecutada contra su Hijo que murió *llevando nuestros pecados en su cuerpo sobre el madero*? ¿Realmente estás enfrentándote a la ira de Dios, desnudo y desprotegido, confiando en tu hoja de higuera? Nuestro estudio nos ha llevado a hacer preguntas como estas. No malinterpretes los motivos por los que Dios se acerca a ti. Viene a anunciarte su perdón y misericordia. No huyas de Él. Vuélvete de tu pecado e independencia. Génesis 3 no es el Juicio Final. ¡Hoy es el día de salvación!

5.
La maldad del hombre

En nuestros estudios de Génesis 2 y 3 hemos procurado mantener la posición de Adán como cabeza como tema central. A lo largo del proceso de la Caída, Adán renunció a su posición de liderazgo y abandonó sus mayordomías. Aceptó la "iluminación" del diablo, que en realidad significaba estar muerto. Se separó de sí mismo, de su mujer, del orden creado y de su Creador. Intentó cubrir la conciencia de su vergüenza con una hoja de higuera, pero cuando Dios se acercó, perdió la compostura. Corrió y se escondió. Observamos cómo se oculta cobardemente detrás de un árbol, alejado de su mujer. Están apartados uno del otro; no sienten el compañerismo, no hay contacto visual, están aislados, con solo una hoja de higuera que les proteja de la ira inminente. Entre el follaje, la serpiente, ahora en silencio, se marcha deslizándose. Pero la voz de Dios irrumpe en la escena y les llama a presentarse ante Él. En Génesis 3:9-13 vemos la prueba de la rebelión de Adán cuando Dios hace comparecer a la pareja antes de que les discipline en gracia:

"Mas Jehová Dios llamó al hombre, y le dijo: ¿Dónde estás tú? Y él respondió: Oí tu voz en el huerto, y tuve miedo, porque estaba desnudo; y me escondí. Y Dios le dijo: ¿Quién te enseñó que estabas desnudo? ¿Has comido del árbol de que yo te mandé no comieses? Y el hombre respondió: La mujer que me diste por compañera me dio del árbol, y yo comí. Entonces Jehová Dios dijo a la mujer: ¿Qué es lo que has hecho? Y dijo la mujer: La serpiente me engañó y comí".

La primera pregunta de Dios al hombre

Quien pregunta es *Jehová Dios*: el Creador, Legislador y Juez; el Dios ante quien Adán debía responder como un hijo a su padre porque para ello fue creado. Como Creador, Dios tiene el derecho de hacer comparecer a la pareja. Inherente al acto de creación estaba la ejecución del juicio, puesto que Dios evaluó repetidas veces la Creación y la juzgó *buena*. Dios como Creador y Juez pide cuentas a Adán.

Quien debe responder es *el hombre*. A pesar de que la mujer había usurpado el cargo de "portavoz" de la pareja en su conversación con el diablo, Dios llama primero a Adán. Su liderazgo sigue operativo. Adán se presenta como representante legal del género humano.

La pregunta es: *¿Dónde estás tú?* Dios no pregunta esto para informarse, sino en su gracia, para que Adán se dé cuenta de su condición de hombre caído. El hombre, una vez ha recibido la iluminación, es llamado ahora a revelar la "sabiduría" obtenida por medio de su desobediencia. Como padre, Dios pregunta: "¿Adónde te ha llevado tu pecado, hijo? ¿Eres sabio como prometió Satanás, o estás muerto como Yo te advertí?

La respuesta del hombre

Adán señala lo que cree ser la causa de su problema: la presencia de Dios. ¿Dónde empieza su respuesta? Empieza señalando a Dios. *Oí tu voz en el huerto.* El principio de sus problemas no yace en el abandono de su lugar de liderazgo, ni en la usurpación de su mujer, ni en las mentiras de la serpiente, ni en la rebelión del pecado, sino en Dios. Su problema comienza cuando Dios entra en escena. Estaba bastante satisfecho con su religión de hoja de higuera, pero entonces vino Dios y le llamó a rendir cuentas. El hombre caído puede tolerar el pecado. Lo que no puede tolerar es que Dios le responsabilice de él. La revelación de Dios como Juez del hombre es el problema de Adán: no su pecado, ni la violación de la Ley, ni la calumnia sobre Dios, ni la destrucción de su comunión con su Creador. ¡De lo que se queja el hombre pecador es de que Dios le llame a juicio!

Adán señala su preocupación: su inquietud personal experimentada en forma de miedo. *Tuve miedo.* El hombre que experimenta ese miedo ante Dios demuestra con ello que ha pecado. La única explicación por la que puede tener miedo es porque se sabe culpable ante el Juez. *"En el amor no hay temor, sino que el perfecto amor echa fuera el temor; porque el temor lleva en sí castigo"* (1 Juan 4:18). Antes de la Caída, cuando Dios llamaba a Adán, este habría reaccionado con la expectación de recibir aún otra buena dádiva de la mano de su Creador y Padre. Pero ahora, con su pecado voluntario, solamente le queda la expectación de la ira de Dios (cf. Hebreos 10:26-27: *"Porque si pecáremos voluntariamente después de haber recibido el conocimiento de la verdad, ya no queda más sacrificio por los pecados, sino una horrenda expectación de juicio, y de hervor de fuego que ha de devorar a los adversarios"*). Sin embargo, no siente la menor preocupación por el estropicio que su pecado haya originado en la imagen de Dios en él ni por cómo haya podido afectar todo ello a Dios. Para él, el centro no es Dios, sino solamente él mismo: solo le preocupa su propia inquietud emocional subjetiva que ha experimentado como consecuencia de su pecado. Su miedo también da testimonio de la futilidad de su religión de hojas de higuera. El ritual religioso superficial puede ser una distracción psicológica en un primer momento, pero en el día del Juicio, no sirve para nada. Todo su esfuerzo por coser sus buenas obras con que cubrirse no le supondrá ningún beneficio ahora que se enfrenta cara a cara con su Creador y Juez.

Adán habla de sus circunstancias: está *desnudo*. Le preocupan sus circunstancias, no su culpa; su situación, no su pecado; él mismo, no Dios. No admite más que lo que es obvio. Meramente reconoce las consecuencias externas generales del pecado sin declararse pecador. Sus hijos aún hoy entre nosotros admiten con poca originalidad: "Bueno, somos humanos. Todos somos pecadores, digo yo". Pero se niegan a confesar sus pecados concretos. Adán elude toda responsabilidad y se describe como una víctima de las circunstancias.

Adán recuerda su conducta: *Me escondí*. ¿Cuál es la solución del hombre caído ante el Juez que se acerca? Conserva su orgullo y su autosuficiencia y huye de Dios. Aparta la mirada del Juicio y utiliza en cambio su religión de hojas de higuera para tratar de negar la realidad del Juicio. Fíjate en que está totalmente absorbido por sí mismo. Utiliza todos los verbos del versículo 10 en primera persona y además el reflexivo "me". La ironía del caso es que la salvación que se procura el hombre es su propia condenación. ¿Qué hace para salvarse a sí mismo? Huir de Dios. ¡La esencia misma del castigo que intenta eludir! El Infierno está *"excluido de la presencia del Señor"* (2 Tesalonicenses 1:9). Para salvarse a sí mismo, se aparta de Dios. Pero la separación de Dios es la esencia de la muerte, la sustancia del Infierno. Su conducta es de descarada condenación de sí mismo. Demuestra que realmente quiere la muerte y que la merece. Se queja de sus circunstancias y su inquietud emocional. ¿Su solución? Suprimir a Dios. "Detener con injusticia la verdad" (Romanos 1:18). Excluir a Dios de sus pensamientos (cf. Romanos 1:28). Desechar su Ley (cf. Romanos 1:32). Pasar por alto el pecado. Negar el Juicio. ¡Adán no es una víctima lastimosa, sino un criminal rebelde que odia a Dios!

La segunda pregunta de Dios al hombre

La segunda pregunta de Dios supone la presencia de la revelación rival de una deidad enemiga. Adán no podía conocer que estaba desnudo por sí mismo. El conocimiento de su desnudez indica que había sido informado por una fuente que no era ni Dios ni Adán. *¿Quién te enseñó que estabas desnudo?* Alguien ha *enseñado* a Adán que está desnudo. El conocimiento de Adán supone la presencia de palabras ajenas a él, palabras que Dios no había pronunciado. Esas palabras constituyen una forma de "revelación" para Adán. ¡Alguien diferente de Dios ha hablado con Adán! Se ha detectado un revelador rival, una deidad enemiga.

La respuesta de Adán en Génesis 3:12 hace caso omiso de esta segunda pregunta. Tiene la ocasión de testificar contra la serpiente y desenmascarar a Satanás como mentiroso y homicida. La autoridad de su Creador y Padre ha sido desobedecida por el engaño y la rebelión. Adán podía volver a ponerse de parte de Dios. Pero está tan muerto en el estupor de su pecado que se niega a testificar contra la serpiente. Dios le da la oportunidad de confesar algo aparte de los meros efectos circunstanciales de su pecado. Tiene la oportunidad de confesar que abdicó de su posición de cabeza, que violó la Ley de Dios y que se sometió a la serpiente y le otorgó esa confianza que solo debe ponerse en Dios. Pero no lo hace. Deja la segunda pregunta sin respuesta y no declara contra la serpiente.

La tercera pregunta de Dios al hombre

Esta pregunta saca a relucir la autoridad de Dios. Las palabras *"¿Quién te enseñó?"* de la segunda pregunta contrasta con el *"Yo te mandé"* de la tercera. Dios ve el pecado de Adán como una afrenta personal y habla en términos personales. *Quién* contrasta con *Yo*. Dios pone el acento no tanto sobre el mandato como sobre el hecho de que fue Dios quien mandó. La única razón por que Adán tenía que obedecer a Dios era su amor por Él. Su deber de abstenerse de comer el fruto no era en esencia cuestión de ley, sino más bien cuestión de amor filial hacia su Creador y Padre. Dios básicamente está preguntando: "¿Quién es como un padre para ti? ¿Satanás o Dios? ¿Has puesto a otro antes que a mi?" El precepto moral del primer mandamiento tiene que ver con nuestra relación de amor con Dios.

A pesar de la lealtad del rebelde Adán hacia este nuevo dios, el hecho es que, en realidad, no hay ninguna deidad enemiga. Adán sigue estando bajo la autoridad de su Creador. Las mentiras de la serpiente y la desobediencia de Adán no han disminuido el señorío soberano de Dios. Esta pregunta saca a relucir la responsabilidad del hombre ante Dios: *"¿Has comido?"* Dios, en efecto, pide cuentas a Adán de sus actos, porque es conforme a sus obras como se juzga a los hombres. El problema no son los efectos psicológicos y circunstanciales del pecado. El problema es el pecado: el hombre hizo lo que se le había ordenado que no hiciera. Esto no va a cambiar por muchas excusas y circunstancias atenuantes que dé el hombre. La cuestión fundamental es: ¿Qué has hecho?

La respuesta del hombre

En primer lugar, principalmente echa la culpa a otro. E. J. Young comenta: "El pecado hace del hombre un ser cobarde y huidizo, le lleva a buscar refugio en las medias verdades, el engaño y las evasivas" (*Genesis 3: A Devotional and Expository Study* [Génesis 3: Un estudio devocional y expositivo], p. 80, Banner of Truth Trust, 1966). Adán culpa a *la mujer*. Habla de ella como de un objeto y se distancia de ella. No la identifica como "mi mujer". Se ha divorciado de ella y ya no la ve como *hueso de sus huesos y carne de su carne*. No se siente comprometido a protegerla. De hecho, declara contra ella para que la pena de muerte caiga sobre ella. En esto actúa como un asesino. Antes ocultaría su pecado y contemplaría cómo se ejecuta a su mujer que confesar su falta y desenmascarar a la serpiente.

Con un brazo extendido señalando a *la mujer*, extiende luego el otro y señala a Dios para echarle la culpa a Él. *Tú me diste* esta mujer. Adán considera a la mujer como la causa instrumental del pecado, pero trata de culpar a Dios como causa última del pecado. Aún cree la mentira del diablo y acusa a Dios de no ser bueno. Se levanta en el tribunal de Dios y pretende que se juzgue a Dios mismo. ¡Quiere ser el juez de Dios! Desafiante y descarado, llama a "lo bueno" malo y a "lo malo" bueno y carga a Dios con la culpa. Sin embargo, se siente satisfecho de que el diablo quede impune.

En segundo lugar, se limita a admitir su pecado. Adán adopta la postura de víctima pasiva de las acciones de los demás. *Me dio* y *me diste* son los verbos centrales que vacían de cualquier fuerza real su *comí*. Admite el hecho, pero se resiste a aceptar la responsabilidad de sus actos. Su escueto *comí* es un reconocimiento escueto del pecado. El tono trivial de su confesión es terriblemente incoherente con la inmensa tragedia de su pecado. Nos resistimos a calificar a su respuesta de "arrepentimiento" porque carece de cualquier expresión de lamento o remordimiento. No pide misericordia. Su respuesta es atrevida y desdeñosa: "Ya que lo preguntas, pues sí, comí: pero recuerda que es culpa de ella; ¡y también tuya!". Pero con su confesión, el caso está cerrado. El hombre queda al descubierto, culpable de haber comido del fruto prohibido. A pesar de sus excusas, el hecho es que ha caído en la muerte por el pecado. Es culpable y está sujeto a la ira divina.

Hemos de percibir la maldad del hombre caído. Es asombrosa. Ahora disfrutamos de la gracia que Dios estaba a punto de instituir en Génesis 3:14 y siguientes. En consecuencia, aún podemos ver la dignidad del hombre y dar fe de su valor como ser creado a imagen de Dios porque a Él quiso salvar a la Creación de hundirse inmediatamente en el Infierno. Pero observemos a Adán, delante del tribunal de Dios antes de que se otorgase la gracia salvadora. Lo que vemos es un hombre que merece irremisiblemente la muerte y la ira. Ahí está, después de abandonar a su esposa, dejar su trabajo, sumir a su familia en el peligro y la pobreza, y pasarse al lado del diablo, acusando a Dios de pecado. ¡Y lo único que puede hacer es quejarse de sus circunstancias y de lo mal que se siente! Adán es antiguo, pero su familia se parece demasiado a una moderna.

¿Dónde estás tú? ¿Te absorbe la autocompasión y la queja? ¿Culpas a los demás y discutes con Dios? ¿Has quebrantado la Ley de tu Creador? ¿Eres un pecador culpable que merece el Infierno? Si queremos tener una visión bíblica de nosotros mismos, debemos ver la asombrosa maldad de nuestro primer padre caído, Adán. No nos damos cuenta de la drástica depravación de Adán tras la Caída. Hoy vivimos solo por la gracia de Dios que, como veremos, evitó que la Creación se precipitara en el Infierno. Pero la triste verdad es que somos tan pecadores como lo fue Adán en la Caída. ¡Necesitamos ser salvados! Debemos darnos cuenta de que nuestro pecado nos hace desafiar a Dios y ponernos del lado del maligno. Es aterrador pensar lo que sería del hombre caído si no fuera por la gracia de Dios. Es únicamente por su gracia por lo que Dios refrena el pecado y obra para redimir a los pecadores. ¿Sabes que eres pecador? ¿Te has vuelto de tu rebelión para confiar en Cristo como el único Salvador de los pecadores? ¿Dónde estás tú?

La pregunta de Dios a la mujer

La pregunta de Dios se centra en sus hechos: *¿Qué es lo que has hecho?* La mujer tiene la oportunidad perfecta para dar su versión de la Caída y confesar su participación. La pregunta de Dios está dirigida a hacerle ver la relación de causa y efecto entre su presente estado y su acción pasada. Al comienzo de la Historia, recibimos luz sobre cómo tratará Dios con nosotros en el fin de los tiempos: nos juzgará conforme a nuestras obras (cf. Romanos 2:6).

Las preguntas de Dios en esta comparecencia prueban su gracia, como se demuestra en el diferente trato que Dios da a la pareja y a la serpiente. A la pareja, Dios le otorga inmerecida gracia soberana sin comprometer su justicia. Sus preguntas están encaminadas a hacer que ambos reconozcan su pecado para dirigirlos hacia su gracia redentora. En cambio, Dios no interroga a la serpiente, sino que la castiga y la maldice directamente (cf. Génesis 3:14). Sí, Dios interroga a la pareja, pero no la maldice. Su castigo es más bien una disciplina de gracia concebida para instruirles en los rudimentos de la religión redentora. Nos deleitamos y maravillamos al descubrir que Dios, por razones que satisfacen su sola sabiduría trascendente, sigue decidido a tratar con gracia al hombre caído, pero no a los ángeles caídos.

La respuesta de la mujer
Podemos observar similitudes con la respuesta de Adán. Al principio adopta una postura de víctima pasiva, como objeto de los hechos, más que sujeto de los mismos. Sin embargo, se había aventurado a salirse de su lugar para asumir el papel que solo le corresponde al hombre como cabeza, se había erigido en "portavoz" de la pareja y luego se había enredado neciamente en la conversación con el diablo. Ella comenzó la Caída y tentó a su marido. Pero está virtualmente en silencio

contemplando lo que hizo. Al igual que Adán, también intenta echar la culpa a otro egoístamente. En lugar de asumir su responsabilidad, inmediatamente señala a la serpiente para apartar la culpa de sí misma. Al igual que Adán, pronuncia un mero reconocimiento vacío de haber comido del fruto prohibido. No admite su culpabilidad ni su responsabilidad. Solo lo afirma: *comí*.

Sin embargo, podemos señalar algunas diferencias entre su respuesta y la de Adán. Por lo menos implica a la serpiente. Sí, se ha quedado sin opciones y la única que queda para culpar es la serpiente. Pero, a diferencia de Adán, no culpa a Dios y, aunque parezca asombroso, tampoco a Adán. Al menos puede decirse en su favor que se presenta ante el tribunal de Dios y acusa al maligno.

Además, la mujer aparece como la más inocente de los dos, ya que testifica que *la serpiente me engañó*. Esto es verdad. Que reconozca que ha sido engañada es, al menos, una demostración indirecta de que también reconoce la veracidad implícita de la Palabra de Dios que admite haber quebrantado. El término *engañar* significa descarriar, seducir, equivocar. Al reconocer esto, al menos denuncia la actividad del mentiroso. Aunque no fue una víctima en la Caída sino que participó activamente en ella, sin embargo es cierto que su rebelde marido la había hecho vulnerable y un malvado enemigo había hecho presa en ella. Su testimonio confirma que la clave de la cuestión de la Caída es que el hombre y la mujer creyeron la mentira de la serpiente y, en consecuencia, desobedecieron a la Palabra de Dios.

6.
El comienzo de la religión redentora

Si leemos Génesis 3:8-13 con los ojos que han sido abiertos por la gracia de Dios, que nos ha convertido "de las tinieblas a la luz y de la potestad de Satanás a Dios" (Hechos 26:18), somos capaces de percibir las obras de la gracia de Dios en la forma en que inicialmente trata a la pareja caída. Aunque temblemos con la pareja en su pecado y sujeta a la ira de Dios, aunque nos entristezcamos y suframos en Adán que nos ha traído la muerte a todos nosotros (cf. Romanos 5:12), no obstante, leemos Génesis 3 con gran gozo porque sabemos que no es el acta del Juicio Final de Dios contra nosotros como pecadores. Más bien es el acta del comienzo de la actividad redentora de Dios entre nosotros como pecadores. Sí, el Creador trata con la pareja caída como Juez y viene a confirmar su Ley quebrantada y a ejecutar el castigo anunciado de la muerte. Pero Dios trata estos asuntos legales dentro del contexto más amplio de su gracia. Su Ley fue promulgada en el contexto de la gracia común y ahora la Ley quebrantada será confirmada dentro del contexto de la gracia redentora. El trato legal de Dios con los hombres es siempre en su gracia.

La gracia de Dios es aún más evidente cuando consideramos que Él maldice a la serpiente (cf. Génesis 3:14) así como a la Tierra (cf. Génesis 3:17), pero no se dice que maldiga a la pareja. Son castigados y disciplinados, pero en el clima de la esperanza, con la promesa de redención. A la luz de Génesis 3 podemos mirar al diablo y decir con las palabras de Martín Lutero: "condenado es ya" [Himno *Castillo fuerte es nuestro Dios*, tercera estrofa]. Además vemos que la Creación está ahora sujeta a vanidad (cf. Romanos 8:20-21), que la muerte condiciona esta era y define la naturaleza misma de la existencia humana. La maldición pronunciada sobre la Tierra tiene efectos reales y profundos sobre nosotros como criaturas hechas de polvo.

Pero en Génesis 3 también podemos contemplar cómo empieza a brillar la luz de la esperanza redentora. Descubrimos que Dios no quiere que la pareja sea arrojada en el Infierno. Más bien inaugura los medios por los cuales acabará triunfando su gracia redentora. Es un consuelo saber que, en el consejo inescrutable de su perfecta sabiduría, Él se había propuesto redimirnos aun antes de la fundación del mundo (cf. Efesios 1:4). Por muy trágica que sea la Caída, Dios sigue siendo Dios y está llevando a cabo su propósito para la Creación. Ese propósito es inherentemente redentor y acaba en la gloria de nuestro Señor Jesucristo (cf. Efesios 3:8-12; Romanos 8:29; Colosenses 1:15-20). Al contemplar cómo el Creador y Padre, el supremo Legislador y Juez, trata con nuestro padres caídos, conocemos aún más sobre nuestro maravilloso Dios: es el Dios de gracia soberana, de tierna paciencia, de santo amor infinito. *"¡Jehová! ¡Jehová! Fuerte, misericordioso y piadoso; tardo para la ira, y grande en misericordia y verdad; que guarda misericordia a millares, que perdona la in-*

iquidad, la rebelión y el pecado, y que de ningún modo tendrá por inocente al malvado; que visita la iniquidad de los padres sobre los hijos y sobre los hijos de los hijos, hasta la tercera y cuarta generación" (Éxodo 34:6-7).

Dios preserva el orden creado

La estructura del orden original creado se mantiene intacta tras la Caída. El hombre ha sumido a la Creación en la muerte, que amenaza con separar los vínculos vivos establecidos por Dios en la Creación. Aunque la Tierra es maldita y está dominada por una tendencia inherente a deteriorarse hasta la muerte, Dios en su gracia refrena los efectos de la muerte y preserva el orden original establecido en la Creación. Para evitar que la serpiente se apodere de la mujer, Dios establece enemistad entre ellas. *"Y pondré enemistad entre ti y la mujer, y entre tu simiente y la simiente suya; ésta te herirá en la cabeza, y tú le herirás en el calcañar"* (Génesis 3:15). Dios no arrebata a la mujer su función original. En su estado caído, seguirá cumpliendo los propósitos de la maternidad en la institución del matrimonio. *"A la mujer dijo: Multiplicaré en gran manera los dolores de tus preñeces; con dolor darás a luz los hijos; y tu deseo será para tu marido, y él se enseñoreará de ti"* (Génesis 3:16).

De igual modo, el hombre se mantiene en su lugar y continúa cumpliendo su función original. Seguirá ejerciendo su liderazgo y trabajará en su mayordomía de la Tierra. *"Y al hombre dijo: Por cuanto obedeciste a la voz de tu mujer, y comiste del árbol de que te mandé diciendo: No comerás de él; maldita será la tierra por tu causa; con dolor comerás de ella todos los días de tu vida. Espinos y cardos te producirá, y comerás plantas del campo. Con el sudor de tu rostro comerás el pan hasta que vuelvas a la tierra, porque de ella fuiste tomado; pues polvo eres, y al polvo volverás"* (Génesis 3:17-19).

Sin embargo, la muerte inunda el orden creado. El dolor de la muerte ahora impregna el orden creado (cf. Génesis 5: las palabras *"y murió"* se repiten a lo largo de todo el capítulo). Se ha desencadenado una guerra entre las dos simientes, que representan dos linajes espirituales. El conflicto entre estas dos simientes constituye la esencia de la historia de la Humanidad. El sexo femenino conoce el dolor de la muerte al dar a luz a los hijos y, de forma especial, en el matrimonio (cf. Génesis 3:16). El sexo masculino conoce el dolor de la muerte en relación con su trabajo (cf. Génesis 3:17-18; nótese que se utiliza la palabra dolor, al igual que en Génesis 3:16). Y es a través del pecado de Adán en particular que el género humano es conducido a la muerte física (cf. Génesis 3:19) y nace en un estado de muerte espiritual: un estado de separación legal de Dios, sin conocimiento de Él, inclinado a la idolatría. Todos los hombres nacen, pues, bajo la ira de Dios y necesitados de redención. Pero Dios se acerca a los hombres caídos precisamente con el propósito de redimirlos.

Dios establece la religión salvadora

La promesa de salvación ha sido pronunciada (cf. Génesis 3:15). La pareja (es decir, el género humano) oye acerca del Libertador que había de venir antes de que Dios se dirija a ellos específicamente para ejecutar su castigo. Resulta asombroso, pero la pareja escucha el Evangelio cuando Dios maldicc a la serpiente y anuncia por medio de quién se ejecutará su derrota final. El género humano recibe el castigo en un clima de esperanza, sabiendo que el diablo no triunfará. Antes de oír cómo les visitará la muerte, aprenden a esperar al Redentor, la prometida simiente de la mujer. Dios les envía a la Historia con la religión salvadora, compuesta por cuatro principios.

En primer lugar, Dios les da la promesa de la simiente. Muchos opinan que cuando Adán llamó a la mujer *"Eva, [...] madre de todos los vivientes"* (cf. Génesis 3:20) estaba declarando que creía en la promesa de Aquel que había de venir de la mujer. También se piensa que las palabras de Eva en Génesis 4:1 expresan la misma esperanza en el nacimiento de Caín. En los albores de la Historia, el género humano esperaba a un Redentor, Aquel que triunfaría sobre Satanás y sobre la muerte. Nos regocijamos en la revelación de la simiente prometida: ¡Jesucristo, nuestro Señor!

En segundo lugar, el sacrificio. *"Y Jehová Dios hizo al hombre y a su mujer túnicas de pieles, y los vistió"* (Génesis 3:21). Dios mismo sustituyó sus hojas de higuera por una cobertura de sangre. Con este acto, Dios comunica a la pareja el significado del Evangelio y establece el medio por el cual el hombre caído podría seguir acercándose a Dios y adorarle. Los actos de Dios, que en ese momento de la Historia resultaban de lo más obvio para el hombre, eran por naturaleza revelaciones imperativas que el hombre tenía la responsabilidad de imitar. Al igual que el día de reposo, instaurado también por uno de esos actos de Dios que el hombre debía re-

El comienzo de la religión redentora

flejar luego en su acción, así también sucede con la adoración por medio de sacrificios, que no fue instituida por un mandato de Dios, sino por la más tierna revelación de su propia actividad. Como comenta Patrick Fairbairn: "En el acto está contenida la revelación de Dios, que implica responsabilidades y deberes para sus criaturas" (*The Typology of Scripture* [La tipología de la Escritura], p. 412, Zondervan, 1956). Adán reconoció que solo Dios puede cubrir el pecado y restablecer la comunión con el hombre caído. El sacrificio de un animal era la manifestación de la ira de Dios por la que se demuestra que la religión redentora requiere el reconocimiento de la justicia de Dios: el pecado merece la pena de muerte. En la Caída, el hombre negó la justicia de Dios. En la adoración propia de la redención, la justicia de Dios debe ser afirmada y honrada. El hombre no puede acercarse a Dios sin adorarle como el Juez justo. Pero no es la pareja la que es inmolada. Un animal les substituye ocupando su lugar. Así Dios les enseñó a confiar en Él y en la gracia que les proporciona un substituto adecuado que asuma la pena de muerte en lugar del adorador. El hombre, merecedor de la muerte, puede presentarse ante Dios únicamente por la gracia divina. En el principio, el hombre aprendió a confiar humildemente en la misericordia de Dios. Dios siempre ha regulado la adoración que Él acepta. Por su propio acto instituyó la adoración por medio de sacrificios como norma para todo pecador que desee acercarse a Él por la fe en sus preceptos y promesas. Por tanto, cuando Caín se negó a ofrecer un sacrificio apropiado, no actuó por fe en lo que Dios había revelado al proveer un sacrificio para Adán (cf. Hebreos 12:4). Y cuando los hombres en

71

el transcurso de la Historia se dedicaron a ofrecer sacrificios de sangre fuera de los cánones establecidos por Dios, apartados de la fe en la simiente prometida, también se introdujeron en una religión de condenación, no de salvación. Los preceptos y las promesas de Dios constituyen la religión salvadora.

En tercer lugar, la pareja fue expulsada de la presencia de Dios. *"Y dijo Jehová Dios: He aquí el hombre es como uno de nosotros, sabiendo el bien y el mal; ahora, pues, que no alargue su mano, y tome también del árbol de la vida, y coma, y viva para siempre. Y lo sacó Jehová del huerto del Edén, para que labrase la tierra de que fue tomado. Echó, pues, fuera al hombre, y puso al oriente del huerto de Edén querubines, y un espada encendida que se revolvía por todos lados, para guardar el camino del árbol de la vida"* (Génesis 3:22-24). Dios en su gracia evitó que comieran del árbol de la vida mientras se encontraban en estado de condenación legal. Parece que si hubieran comido de ese fruto en su estado, se habrían condenado a un eterno estado de muerte. Dios en su gracia les aleja del árbol con la intención de salvarlos. Solamente cuando los redimidos estén en gloria podrán comer del árbol de la vida, una vez Cristo haya consumado nuestra redención y el Espíritu Santo la haya aplicado por completo (cf. Apocalipsis 22:1-2).

En cuarto lugar, se perpetúa la institución del día de reposo. Hay multitud de pruebas que demuestran que el hombre sabía de la norma de guardar el día de reposo antes de Moisés. De acuerdo con algunos comentaristas, la expresión "al final de los días" que aparece en el original hebreo de Génesis 4:3 hace referencia al fin de los seis días laborables e indica el séptimo, el día de reposo. Si esto es así, Caín y Abel sabían que se debía rendir adoración conforme a la religión redentora a Dios durante el día de reposo. Es interesante fijarse en que las actividades de Noé se caracterizaban por un reposo al séptimo día. Abraham circuncidó a sus hijos al octavo día (figura de las bendiciones del día de reposo celebrado el primer día de la semana, la nueva vida otorgada a la simiente de la promesa por medio del Espíritu Santo). Los israelitas recibieron la fiesta de la Pascua que debía durar siete días y se les ordenó recoger doble porción de maná el sexto día para no tener que hacerlo el séptimo, ordenanza anterior a que se diera la Ley en el monte Sinaí. Antes de los Diez Mandamientos, el hombre, especialmente el redimido, sabía que la vida debía entenderse con el descanso del último día de la semana. ¿Cómo lo sabían? Adán recibió la institución del día de reposo en el proceso de creación. El día de reposo se mantiene tras la Caída y cuando el hombre salió del huerto se llevó esta institución como parte de la religión redentora y se transmitió de una generación a otra de forma que la cumplieron también Noé, Abraham y los israelitas antes convertirse en la nación del Pacto de Dios en el monte Sinaí.

En la Caída, la soberanía de Dios permanece intacta. El Creador salva a su creación y esta se convierte en el escenario sobre el cual los propósitos redentores de Dios se llevarán a cabo. La gracia prevalece y Dios empieza a hacer brillar *la luz del evangelio de la gloria de Cristo, el cual es la imagen de Dios* (2 Corintios 4:4) sobre los portadores de su imagen que han caído.

7.
Dios preserva el matrimonio y castiga a la pareja dentro de él

Mi intención en cada capítulo ha sido centrarme en el ejercicio del liderazgo del hombre en el matrimonio. Se han tratado muchos temas de pasada, pero he intentado tener constantemente en mente el liderazgo del hombre. Ahora nuestro estudio llega a Génesis 3:16, donde Dios habla a la mujer sobre el alumbramiento de los hijos y el matrimonio. Pasaremos por alto la primera parte del versículo y consideraremos solo las palabras: *"y tu deseo será para tu marido, y él se enseñoreará de ti"*.

Dios preserva a la pareja en el matrimonio

En el transcurso de la Caída, la pareja buscaba en realidad el divorcio. En el pecado, ambos trataron de trastocar la jerarquía de autoridad doméstica que Dios había establecido en el liderazgo masculino. Separaron su unidad y rompieron su unión sexual. Rechazaron los propósitos de Dios expresados en "el mandato de dominio", que necesitaba del matrimonio y la procreación. El hombre estaba dispuesto a ver la muerte de *la mujer*, habiendo dejado de protegerla como esposa y carne de su carne. La mujer se rebeló contra su marido y estaba en guerra contra Dios y la Creación. La suya era una vulnerabilidad "autoinfligida". Juntos, habían traído la muerte sobre sí mismos y sobre su matrimonio.

Sin embargo, Dios persiste en tratarlos como pareja casada. Antes y después de la Caída, se les describe como casados. Génesis 2:25: "*Adán y su mujer*"; 3:6: "*dio también a su marido*"; 3:8: "*el hombre y su mujer*"; 3:16: "*tu marido*"; 3:17: "*tu mujer*"; 3:20: "*su mujer*"; y 3:21: "*al hombre y a su mujer*". Antes y después de la Caída, el hombre ejerce liderazgo. En Génesis 2:23, lo ejerce al dar nombre a su mujer; en Génesis 3:9, Dios llama al hombre a ser portavoz, a pesar de que Eva había usurpado esa posición en su conversación con la serpiente; en Génesis 3:19, la muerte se transmite a través del hombre como representante legal de la pareja; y en Génesis 3:20 el hombre caído sigue siendo "el que da nombre" al llamar a su mujer *Eva*.

Dios insiste en que aún son matrimonio, como puede verse en el lenguaje de Génesis 3:16: "*con todo, tu deseo será para tu marido, y él tendrá dominio sobre ti*" (LBLA). *Con todo*: locución adversativa que indica que, a pesar del pecado, de la Caída, de su intento de divorcio y de la irrupción de la muerte en la Creación, el matrimonio se mantiene intacto. *Y*: la palabra hebrea podía haberse traducido como "pero", también con sentido adversativo. A pesar de la abdicación del hombre y de la usurpación de la mujer, el liderazgo masculino permanece en vigor en el mundo caído. Dios conserva el liderazgo aún después de la Caída. ¿Pero cómo va a funcionar ahora?

Dios castiga a la pareja en el matrimonio

No estoy diciendo que Dios castigue a la pareja "con" el matrimonio o "por medio" del matrimonio. No debemos interpretar Génesis 3:16 para concluir que Dios instituyó la posición de cabeza tras la Caída y luego situó a la mujer en sumisión a su marido como parte de su castigo. No. Dios no instituye nada nuevo, sino que conserva lo que Él había creado bueno y que la pareja amenazaba con destruir por su pecado. Dios preserva la dignidad con que creó a la pareja manteniendo su matrimonio y perpetuando la autoridad del hombre como cabeza. Debemos dejar claro que la autoridad del marido y la sumisión de la mujer fueron instituidas antes de la Caída como parte del orden *muy bueno* de Dios. Él no introduce un nuevo elemento de sumisión en el matrimonio para castigar a la mujer. Dios la trata en su gracia.

Tampoco enseña Génesis 3:16b que el deseo de la mujer por casarse y tener hijos sean prueba de su caída y una sentencia que la consigna a la "prisión" del hogar. Ni que los hombres sean de alguna forma superiores a las mujeres y, por tanto, estén justificados a tiranizarlas y dominarlas. No estoy de acuerdo con la afirmación de Matthew Henry sobre Génesis 3:16: "Todo el sexo femenino, que por naturaleza era igual al hombre, se hace, por su pecado, inferior al hombre y se le prohíbe ejercer dominio" (*Matthew Henry's Commentary on the Whole Bible* [Comentario bíblico Matthew Henry], p. 31, Vol. 1, MacDonald Publishing Company). Dios no hace "inferior" a la mujer.

Tampoco puede utilizarse este pasaje para apoyar la doctrina de que la salvación en el Nuevo Pacto "libera" a la mujer cristiana de tener que someterse a su marido por el hecho de que es "igual" a él en Cristo. Sí, es cierto que existe igualdad en la redención. Pedro dice que las esposas cristianas son *"coherederas de la gracia de la vida"* (1 Pedro 3:7). Pero el matrimonio no es, en sí mismo, una institución de la redención. Sigue siendo tras la Caída, por la gracia de Dios, una ordenanza permanente de la Creación.

No estoy de acuerdo con las llamadas "feministas evangélicas" que citan Gálatas 3:28 y aseguran que el liderazgo no debe existir dentro del matrimonio cristiano, porque la salvación establece la "igualdad" entre el marido y la mujer cristianos. La "igualdad" no es el ideal bíblico para los sexos. "Igualdad" implica separación entre los dos, es decir, implica la muerte. "Unidad" y "unión" son términos que describen mejor el propósito de Dios para el matrimonio. El hombre y la mujer son diferentes y, en ese sentido, "desiguales" y fueron creados para complementarse el uno al otro con sus diferencias para formar una sola unidad: una sola carne. Esta "desigualdad" no significa que uno es superior al otro. Ambos sexos comparten la misma categoría de ser con que Dios los creó y la dignidad de reflejarle. En este sentido, son "iguales". Pero no tienen funciones iguales. Tienen funciones distintas, desiguales, con el fin de trabajar interconectados, como uno solo. Además, en Gálatas 3 Pablo no está hablando de los sexos, sino de la justificación por la fe a través de la gracia, de una salvación concedida a todos independientemente de aquellas cosas que en otros casos distinguen a las personas, como el sexo. Sin embargo, cuando Pablo trata el asunto de los sexos, no duda en alinear su enseñanza con

Génesis y con las implicaciones de la Creación y la Caída (cf. 1 Corintios 11:2-16; 14:34-35; 1 Timoteo 2:8-15).

Podemos encontrar alguna ayuda para interpretar Génesis 3:16b si nos fijamos en el lenguaje que se emplea en Génesis 4:7c. Ahí podemos observar, en el contexto inmediato, los mismos términos, la misma construcción gramatical y el mismo uso del paralelismo poético: *"Si bien hicieres, ¿no serás enaltecido? y si no hicieres bien, el pecado está a la puerta; con todo esto, a ti será su deseo, y tú te enseñorearás de él"*. El término *deseo* significa "anhelar y querer en extremo". Keil y Delitzsch describen esto como "un deseo que roza lo enfermizo; un ansia violenta" [*Commentary on the Old Testament* (Comentario al Antiguo Testamento), Vol. 1: "The Pentateuch: Genesis, Exodus 1-11" (El Pentateuco: Génesis, Éxodo 1-11), Peabody, Massachussets: Hendrickson, 1989]. En otras palabras, el pecado se experimenta como una compulsión irracional que demuestra en sí misma un malestar más profundo. El término *enseñorear* significa "ejercer autoridad, reinar, administrar los asuntos de otro". Se utiliza un término sinónimo, *señorear*, para hablar de la función del Sol y la Luna en relación con el día y la noche en Génesis 1:18. En Génesis 4:7, Dios advierte a Caín sobre el conflicto y el problema potencial de su pecado. Se encuentra en una relación de confrontación con su pecado. El pecado, en su irracionalidad, está al acecho, pero Caín debe ejercer control sobre su amenaza. Ahora, volviendo de nuevo a Génesis 3:16, vemos que este mismo lenguaje se utiliza allí para referirse a una relación similar de confrontación, la que se produce entre el hombre y la mujer. Génesis 4:7 emplea la misma estructura gramatical y los mismos términos que Génesis 3:16 para describir una dinámica de confrontación. El lenguaje de Génesis 3:16 indica que hay un conflicto inherente y en acción dentro del matrimonio tras la Caída. No estoy diciendo con esto que la mujer equivalga al pecado ni que el hombre sea la víctima inocente. Tanto el hombre como la mujer son pecadores. Ambos son culpables y contribuyeron activamente a crear el conflicto inherente al matrimonio, una institución que ha sido preservada, pero que está en un mundo caído. Génesis 4:7 nos ayuda a ver que es el conflicto, la tensión y la situación de potencial separación mortal lo que se introduce ahora en la relación entre marido y mujer. El Señor castigó a la pareja dándoles precisamente lo que pedían en su rebelión: separación entre ellos. Dios preserva el matrimonio, mantiene los papeles y las funciones de los sexos, pero la muerte ha venido y habita en la relación, que sigue intacta, pero está debilitada y expuesta a que estalle el conflicto. La tendencia de la pareja al conflicto es un recordatorio perpetuo del punto clave de su error: el ejercicio del liderazgo. La muerte, bajo la forma de la separación matrimonial, ahora amenaza con acechar a la pareja cuando cada uno responda a la pregunta: "¿Quién ejercerá la autoridad?"

La psique de la mujer

Las palabras de Génesis 3:16 van dirigidas a la mujer e invitan a todas las mujeres, especialmente a las mujeres cristianas, a preguntarse cuánto se parecen aún a ella. Dios se centra en las actividades del alma de la mujer, su "desear". Está hablando de la dimensión subjetiva de la mujer: su voluntad, sus emociones, sus sentimientos, sus pensamientos; la obra del "hombre interior". El Creador, Juez y Salvador señala las necesidades básicas que controlan la psicología de la mujer. Dios se acerca para disciplinarla para los propósitos de la gracia y la redención. La función arquetípica de la mujer en su maternidad y su función procreadora ya se ha tratado en el versículo 16. Ahora Dios se centra en su psique y subraya el efecto de la Caída sobre su vida interior. ¿Por qué se trata la disposición psicológica de la mujer en este texto fundacional que define la feminidad en una creación caída pero preservada?

En primer lugar, Dios se dirige a la mujer para hablarle de su psique porque la está tratando en gracia. Ha puesto enemistad entre ella y la serpiente. Dios evita en su gracia que la mujer se alíe con el diablo. Su feminidad y su dignidad son preservadas tal como fueron creadas. Se le conserva su identidad como *Ishshah* [Varona]. El pecado trata de orientarla psicológicamente hacia otras cosas para apartarla del hombre. El pecado pretende que la mujer viva en el mundo luchando por realizarse con propósitos distintos de aquellos para los que fue creada. En su gracia, Dios vuelve su psique a sus propósitos originales. ¡Cuan horrible es ver a las mujeres de hoy resistiéndose a orientar sus vidas hacia los propósitos de Dios! ¿Qué sino el pecado puede explicar la denigración casi universal de la dignidad del matrimonio y la maternidad? ¿Qué sino la obra del Engañador, cuyas mentiras buscan tergiversar la bondad de la Creación de Dios (cf. 1 Timoteo 4:1-5), puede explicar que prácticamente todas las culturas hayan prestado oídos los engaños seductores que buscan sacar a las mujeres de sus hogares? Solamente la gracia de Dios explica que no hayamos sido testigos de estragos aún mayores sobre los hombres, los niños y la sociedad como consecuencia de las actitudes de las mujeres que intentan desviarse de los propósitos de Dios para ellas. Es esta misma devastación la que Dios quiere evitar al tratar la psique de la mujer en Génesis 3:16.

En segundo lugar, Dios se dirige a la mujer para hablarle de su psique porque la está tratando en su amorosa disciplina. Experimentará el fenómeno de la muerte particularmente en su psique al aceptar el papel femenino de esposa y madre. En el lugar donde Dios la puso, sentirá aún una vulnerabilidad casi irracional y estará expuesta a verse en peligro y a sufrir daños. Esta vulnerabilidad será más pronunciada como consecuencia de vivir sometida a la autoridad de un hombre que también es pecador y está sujeto a los pecados típicos de su género. Depende de un hombre cuyo pecado a menudo le hace incompetente y aun cruel en el ejercicio de un liderazgo que no le está permitido abandonar. Esa dependencia que se conserva, bajo la cual la mujer se protege, es irónicamente lo que ella encuentra más amenazador. La sumisión a la cabeza, instituida originalmente en la Creación, se mantiene; pero transmite las consecuencias de la Caída al alma misma de la mujer. El medio de provisión para ella se convierte en el canal que le comunica el castigo y le recuerda su muerte. Una mujer sabia se da cuenta de que su deseo más profundo no puede hacerse realidad en esta vida pasajera. Ni siquiera asumir su lugar en la Creación puede satisfacerla. Sigue muriendo. Necesita poner los ojos en la Simiente prometida que es dada al mundo caído. ¡Necesita al Salvador!

En tercer lugar, Dios se dirige a la mujer para hablarle de su psique porque está tratando su pecado. Su psique se ha descrito en detalle en la Caída. Génesis 3:6 nos introduce en sus procesos mentales. Así como su psique fue el campo de batalla particular de su pecado en la Caída, también lo será en este mundo caído. Su lucha contra el pecado se disputará vigorosamente en sus pensamientos, sus emociones, sus deseos y su voluntad. No estoy diciendo que los hombres no experimenten pecado en su hombre interior. El testimonio de Pablo en Romanos 7 desmiente esta afirmación. Estoy tratando de identificar un hecho a la luz de la Escritura. Este enfoque en la vida interior de la mujer vuelve a aparecer en el Nuevo Testamento. En 1 Timoteo 2:15, la mujer piadosa busca la santificación en el curso de lo característicamente femenino y la norma experimental entre las mujeres: tener hijos. No es que tener hijos salve, sino que la feminidad santificada se encuentra por lo general en la maternidad y requiere una santificación de la psique: *"si permaneciere en fe, amor y santificación, con modestia"*. De igual modo, en 1 Pedro 3:3-6 (NVI), la piedad de la mujer se produce en *"lo íntimo del corazón"*, cuando la mujer creyente se adorna con *"el incorruptible ornato de un espíritu afable y apacible, que es de grande estima delante de Dios"*. Dios valora la santificación femenina del corazón y no solo externa; la que no se halla ni en la apariencia, ni en la función de la mujer, sino en su psique.

Dios mantiene a la pareja en el matrimonio, aunque también la castiga en él. La dinámica de autoridad y sumisión se conserva, pero se ve expuesta a la dinámica de la muerte que amenaza con separarlos, si bien la unidad esta está garantizada para ellos por la gracia. Génesis 3:16 indica que la mujer es especialmente vulnerable a sentir las repercusiones de la Caída en lo más profundo de su alma. El reto que se le presenta a la mujer es reorientar su alma hacia Dios, volver a encaminar su vida hacia los propósitos de Dios para ella y recibir la salvación prometida que le es dada en esa Simiente, Jesucristo, que *"para esto apareció [...], para deshacer las obras del diablo"* (1 Juan 3:8).

8.
El liderazgo y la sumisión distorsionados hasta el extremo

En nuestro mundo caído vivimos la vida en un equilibrio muy delicado. La muerte puede producirse cuando los ingredientes de la vida no están en la proporción correcta. Hemos descubierto en nuestro estudio de Génesis 3:16 que Dios salvó el matrimonio, pero la pareja ahora camina por una estrecha barra de equilibrio en medio de una tensión potencial sobre el asunto de la cabeza. Satanás es feliz empujando o estirando hacia uno u otro lado para conseguir un desequilibrio que distorsione el modelo que Dios estableció para el matrimonio. Ahora me gustaría presentar algunas advertencias pastorales prácticas contra los posibles desequilibrios que pueden distorsionar la dinámica de liderazgo-sumisión que Dios busca para nuestro bien y para su gloria.

La distorsión que producen los extremos
Esta distorsión de la dinámica de autoridad-sumisión se produce cuando el marido lleva su liderazgo hasta el extremo y lo deforma hasta convertirlo en una dictadura tiránica. Se aferra al mandato de ejercer el liderazgo, pero

traspasa la frontera ética del amor y su liderazgo se convierte en algo destructivo.

También se produce este desequilibrio cuando la esposa deforma la sumisión hasta tal punto que la mujer pasa a ser prácticamente inexistente. Este extremo es igualmente destructivo, ya que la mujer así anulada elimina la contribución fundamental que solo ella puede hacer a su hogar y a la sociedad. *Ayuda idónea* no es una expresión peyorativa, sino que describe la aportación positiva que se obtiene de la perspicacia, la influencia y el trabajo de la mujer. La mujer que se anula comete un pecado de omisión y destruye el matrimonio al no contribuir con lo que solo ella puede dar para sostener la unidad que Dios concibió para la pareja.

Hoy en día, en la cultura occidental, estamos más inclinados hacia "la distorsión de la inversión" que trataremos más tarde. Las culturas orientales islámicas ilustran lo que ocurre cuando "la distorsión que producen los extremos" deforma la sociedad. La degradación y el abuso cruel que en el islam se hace de la mujer incita tanto al dolor como a la indignación. Tales culturas necesitan la sal y la luz del Evangelio. El antídoto no es una infusión de "occidentalismo", sino la liberación del pecado y la muerte que solo se encuentra en el Evangelio de Jesucristo. De hecho, Jesús mismo se tropezó con este desequilibrio. Había algunos fariseos en sus días que aprobaban el divorcio por el mero hecho de que la mujer les quemase la cena. Aun los discípulos de Cristo experimentaron este choque cultural cuando le vieron conversando con la mujer en el pozo, como se nos cuenta en Juan 4. Necesitamos adecuar nuestro matrimonio a la cultura del Reino y aprender a vivir en un equilibrio bíblico para embellecer el Evangelio con el amor en el matrimonio.

El liderazgo distorsionado hasta convertirse en tiranía

En Colosenses 3:19 se advierte a los maridos contra este desequilibrio: *"Maridos, amad a vuestras mujeres, y no seáis ásperos con ellas"*. Aquí Pablo contrasta la virtud del amor con el vicio de la "aspereza" o la "amargura". El término griego significa enojo, dureza, mordacidad. Habla de un liderazgo dominante, cruel, sin misericordia ni compasión, tiránico. El término "amargura" se utiliza en el Nuevo Testamento para describir a inconversos (Simón el mago y Esaú). Es el rasgo de malicia que a menudo se demuestra con un lenguaje hiriente (cf. Romanos 3:14: *"Su boca está llena de maldición y de amargura"*). Aquí, en Colosenses 3:19, la amargura se contrasta con ese amor que debe caracterizar la relación de los maridos cristianos con sus esposas. Dicho amor se describe en Efesios 5:22-33 como un amor que se sacrifica, que santifica, que sirve y que satisface en la búsqueda de la vida y de la unidad en una sola carne. A la inversa, la amargura del marido se demostrará por su egoísmo y su negligencia a la hora de buscar el bienestar de su esposa.

La inmoralidad de este desequilibrio es la violación del sexto mandamiento (cf. Éxodo 20:13). La amargura produce la muerte en el matrimonio. La encontramos en ese hombre enfadado cuyas palabras cortan como espadas, cuyas insensibles exigencias sofocan la vitalidad del afecto e infligen hirientemente el dolor sobre su esposa y sus hijos. Este vicio suele ser indicativo de una inmadurez fundamental. Vemos a un muchacho enfadado en un cuerpo de hombre, comportándose como un mocoso petulante que encuentra una satisfacción morbosa en ser travieso.

La sumisión distorsionada hasta convertirse en anulación

La Escritura advierte a las esposas contra este desequilibrio cuando les prohíbe la pasividad y promueve un modelo de mujer cristiana que se involucra activamente en las esferas propias de su llamamiento como mujer. La inmoralidad de anularse también infringe el sexto mandamiento. La mujer produce una especie de muerte y destrucción "autoinfligidas" en el matrimonio.

En 1 Timoteo 5:14-15 Pablo ordena a las mujeres jóvenes que *"se casen, críen hijos, gobiernen su casa; que no den al adversario ninguna ocasión de maledicencia. Porque ya algunas se han apartado en pos de Satanás"*. No está menospreciando a las mujeres, sino dando validez a la contribución especial que solo ellas pueden hacer en la batalla que se está librando contra Satanás. La razón de las directrices de Pablo no es un chauvinismo masculino dominante, sino el deseo de que las mujeres piadosas asuman su puesto en la batalla espiritual. Este versículo ocasiona en nuestros días que más de uno se indigne, censure a Pablo y le arroje al cubo de lo culturalmente irrelevante. Pero Pablo está pensando en asuntos mucho más trascendentes que ser pertinente a la cultura. Como oficial del ejército del Señor, dirige los movimientos de las tropas sobre un amplio sector del campo de batalla: el hogar. Allí se está librando una lucha intensa contra las fuerzas de las tinieblas. Pablo sitúa a las mujeres piadosas en el hogar con el fin de que participen en la batalla espiritual, que sostengan la familia cristiana y rechacen los ataques de los engaños del enemigo. Sus palabras dignifican, no menosprecian. En el original *gobernar su casa* significa literalmente "ser déspota de la casa". Aquí vemos un término que legitimiza la autoridad femenina y la fuerza que se necesita para dirigir los asuntos del hogar con la dignidad propia del servicio a Cristo. Esto no es relegar a la mujer a un papel insignificante. Es mucho lo que está en juego. El fracaso en esta misión ha hecho a algunos apostatar. Mujeres cristianas, no os anuléis. Con dignidad ocupad vuestro lugar en primera línea de batalla y pelead para hacer de vuestro hogar y vuestra familia un galardón de la victoria del Evangelio para honra de Cristo.

Igualmente, 1 Pedro 3:4 solicita la contribución de la mujer en el matrimonio. Pedro busca esa santidad del corazón. *"El incorruptible ornato de un espíritu afable y apacible, que es de grande estima delante de Dios"*. Una vez más, la preocupación está en lo que permanece para siempre: *el incorruptible ornato*. Pedro no está recomendando que la esposa sea invisible y silenciosa, sino *afable y apacible*. Está describiendo, no una anulación muda, sino una forma de comunicación, una manera de aportar las preocupaciones y los consejos de la mujer. Es de desear que esa comunicación sea trasmitida no en un canal de *"heavy metal"*, que importuna y confronta a sus víctimas, sino en una emisora que invite a escuchar: melodiosa, armoniosa, con el volumen bajito, por favor. Pedro no dice que la esposa piadosa deba desaparecer en el matrimonio, sino que tiene su importancia y tiene que expresar su opinión. La suya debe ser una belleza no tanto externa y sensual para atraer la mirada de su marido, sino más bien interna, de una santidad creíble que cautive la conciencia de su marido. *"Porque así también se ataviaban en otro tiempo aquellas santas mujeres que esperaban en Dios, estando sujetas a sus maridos"* (1 Pedro 3:5). Tal aportación de la mujer no es obstáculo para la sumisión.

La Biblia no llama a las mujeres cristianas a una vida hueca y desalentadora en la que se sucedan las experiencias frustrantes. El Dios Creador no ha hecho a la mujer a su imagen, ni ha salvado su dignidad de mujer, ni ha asegurado su salvación en Cristo, para luego consignarla a una existencia llena de frustración, con la perspectiva de tener que dejar este mundo sin haber hecho uso de sus dones y sin haber satisfecho sus deseos. La serpiente sigue susurrando estas dudas sobre Dios al oído de la mujer. Pero no le hagas caso. *"Deléitate asimismo en Jehová, y él te concederá las peticiones de tu corazón"* (Salmo 37:4). El problema no es la capacidad del Señor para cumplir nuestros deseos. El problema somos nosotros. No nos deleitamos en Él ni conformamos nuestros deseos con su buena y perfecta voluntad que *"no quitará el bien a los que andan en integridad"* (Salmo 84:11b).

Posibles causas de la distorsión que producen los extremos en la mujer

Lamento la intromisión de la psicología en el ministerio pastoral. Hoy en día las personas están más familiarizadas con la terminología de la terapia que con la teológica. Sin embargo, aun a riesgo de sonar "psicológico", estas son tres posibles causas de que las mujeres caigan en la distorsión que producen los extremos.

En primer lugar, algunas mujeres han sido mutiladas cruelmente por la dominación tiránica masculina. No podemos poner el grito en el cielo a causa de las prisas del mundo moderno por obtener lo que se consideran beneficios del "estatus de víctima" y acabar negando que realmente hay hombres que abusan de las mujeres. *"Y Judá dijo: Sacadla, y que sea quemada"* (Génesis 38:24). Judá había negado a Tamar su derecho al matrimonio por levirato, la había violado y luego se proponía hacerla ejecutar injustamente. Desgraciadamente, muchas mujeres llevan las cicatrices de la amputación de su feminidad, masacradas por la tiranía de su padre, su novio o su marido.

En segundo lugar, otras mujeres viven con una inseguridad sin fundamento. Algunas mujeres crecen sin llegar a tomar jamás conciencia de su importancia como mujeres. ¡Cómo las oprimen las doctrinas de demonios que nos engañan respecto a la Creación buena de Dios! (cf. 1 Timoteo 4:1-5). ¿Cuántas llegan a la edad adulta convencidas de que su opinión no cuenta y de que no tienen una individualidad legítima, ni nada de valor que aportar?

En tercer lugar, algunas mujeres son simplemente perezosas. No todas las mujeres que pretenden pasar desapercibidas son víctimas. Hay matrimonios y hogares que se ven privados de la obra de la mujer sencillamente porque ella no es nada trabajadora. Los deberes de esposa y madre se consideran monótonos. Para una haragana, la "sumisión" se define como un concepto pasivo que ella puede tomar como excusa para su irresponsable pereza. El hogar, los hijos, el matrimonio, todo muestra las malas hierbas y las grietas producidas por la inactividad de la haragana, que se excusa diciendo que solo está siendo "sumisa". Pero es su pereza lo que le impide levantarse con energía para ser una mujer piadosa.

Posibles causas de la distorsión que producen los extremos en el hombre

Aquí tenemos tres posibles causas de este desequilibrio en el varón.

En primer lugar, la inseguridad puede ser un obstáculo para muchos hombres. Es un asunto que puede ser complejo. Un hombre se enfrenta al reto de amar a su esposa, pero está convencido de que no puede. Es inmaduro y egoísta emocionalmente. El coste de aprender a amar es muy alto para él. Por eso renuncia a su liderazgo, cosa en que nos centraremos enseguida. Deja por imposible el proceso de aprender a sustentar y cuidar de su mujer. De algún modo, en su inmadurez, se da cuenta de que es demasiado egoísta para amarla como debería. Por tanto, se inventa una forma de bajar las expectativas de su mujer en cuanto a que alguna vez él pueda llegar a sustentarla, todo con el fin de protegerse a sí mismo del mal trago de tener que enfrentarse a su propia inseguridad y vencer su renuencia a aprender a amar. Su protección es una "barrera de alambre" verbal situada a su alrededor para rechazar la posible demanda de amor, que duda poder dar. Las espinas del alambre son sus comentarios mordaces y sus críticas cínicas. Cuando su mujer se le acerca en busca de alimento emocional, se pincha con las espinas de la dureza tras la que se esconde su marido para protegerse del riesgo de que ella espere su amor. En su inseguridad y su temor egoísta, llega a ser cruel.

En segundo lugar, algunos hombres son irreflexivos, descuidados e insensibles. Estos hombres actúan sin malicia. Solo son descuidados, como consecuencia de que están absorbidos consigo mismos. Ella lanza bengalas, hace sonar sirenas y ondea banderas delante de sus narices, ¡pero él no le hace caso! Sencillamente nunca se le pasa por la mente que su mujer pueda sentirse dolida por su negligencia insensible. Pedro dice: *"Vivid sabiamente con ellas"* (1 Pedro 3:7). La palabra "ciencia" viene del término griego que aquí se traduce como "sabiamente". Este describe un conocimiento empírico como resultado de la observación. En otras palabras, Pedro está diciendo: "¡Prestad atención!". Vivid con vuestras mujeres con atención, observando, dándoos cuenta de todos los detalles que conciernen a vuestras esposas; no viváis según vuestro concepto de lo que debería ser el matrimonio, sino según la mujer con quien os habéis casado.

En tercer lugar, hay hombres que son malvados y crueles. La maldad está presente en el mundo y los hombres, por su pecado, son capaces de ser deliberadamente hirientes con sus mujeres y de hacerles daño. Una autoridad opresiva y dominante resulta cruel. Lo mismo sucede con una autoridad arbitraria y sin principios. Un liderazgo sin principios en la familia hace que aquellos que se encuentran bajo su gobierno corran el riesgo de ser dominados por el deseo y el capricho emocional del padre. Puedes imaginarte a la madre y los niños, apiñados en la cocina, esperando el inminente momento de acercarse a su inaccesible padre, al que pueden ver a lo lejos cómodamente arrellanado en su sillón favorito, bajo el resplandor del televisor. Júnior es elegido para la misión. Se mete el dedo en la boca y luego levanta el índice mojado para asegurarse de la dirección en la que sopla el viento del humor de su padre. Desaparece para volver poco después meneando la cabeza en señal de desaprobación. "Ahora no, mamá. Papá está otra vez de mal humor". Hermanos, este es un dominio cruel y opresivo.

Solo Cristo en su Evangelio puede enseñarnos a amarnos unos a otros. Él desea que seamos hombres y mujeres piadosos, que reflejemos su amor redentor que se hizo carne y habitó entre nosotros. Arrepintámonos de hasta qué punto la distorsión que producen los extremos está reflejando una imagen deformada de la gloria de Dios en nuestros matrimonios. Demos un paso al frente por la fe en las promesas de Cristo, apoyados en la segura provisión de su gracia, para aprender a amarnos unos a otros para alabanza de su nombre.

9.
La inversión del liderazgo

Nuestro estudio de la autoridad del hombre como cabeza en el matrimonio a la luz de la Creación y la Caída concluye con unas consideraciones finales sobre las implicaciones de Génesis 3:16. Dios ha preservado la pareja, pero la ha castigado en el matrimonio. Ahora se vive una tensión inherente en el ejercicio del liderazgo. Es necesario que haya un equilibrio para poder disfrutar, en alguna medida, de la unidad que Dios pretende para la pareja. Hemos tratado el desequilibrio de "la distorsión que producen los extremos" donde el marido lleva su liderazgo hasta el extremo de la tiranía y la mujer lleva su sumisión hasta el extremo de anularse a sí misma. Ambas son actitudes exageradas y dolorosas para el matrimonio. Ahora concluimos observando el desorden opuesto: "el problema de la inversión". Aquí es donde sucumbió la pareja en Génesis 3. Este es el desorden que somos tentados a escoger y que prevalece especialmente en las culturas occidentales.

La distorsión producida por la inversión

Mientras que "la distorsión que producen los extremos" es el resultado de que la pareja se aferre en exceso a sus papeles, "la distorsión que produce la inversión" ocurre cuando el hombre y la mujer rechazan sus funciones propias. Esto conduce inevitablemente a una inversión o intercambio de sus papeles. En esta distorsión respecto del modelo bíblico del matrimonio, el marido renuncia a su posición de autoridad y se somete, mientras que la mujer renuncia a su posición de "ayuda idónea" y usurpa la cabeza. De este modo los papeles se invierten. Él pasa a ser menos hombre, y ella se convierte en algo distinto de una verdadera mujer.

Esta parodia nos resulta tan familiar que ha llegado a ser la definición habitual del matrimonio en nuestra cultura. Se presupone que el matrimonio será una restricción de la libertad del hombre, una pérdida más que un beneficio, una disminución de su masculinidad más que un aumento. El soltero prometido en matrimonio debe vencer a un coro de amigos burlones que intentan engañarlo y le preguntan por qué quiere "atarse" a las restricciones del matrimonio. La idea de que al casarse está aceptando una mayordomía ennoblecedora que requiere de una masculinidad madura no es lo primero que se le viene a la mente a la mayoría de la gente.

Ya hemos examinado este problema en Adán y Eva. Vuelve a aparecer en Génesis 16:2, donde Abraham se somete al método de Sara para obtener el hijo prometido por medio de Agar. Moisés repite la acusación de Adán: *"Y Abram escuchó la voz de Sarai"* (LBLA). Lo vemos de nuevo en Jeremías 44:15-24, entre los judíos que en su rebeldía no hicieron caso de la palabra de Jeremías y viajaron a Egipto aconsejados por las mujeres, que estaban asumiendo el liderazgo en asuntos de religión. Isaías 3:12 nos informa de que el problema de la inversión es característico de una sociedad desprovista de liderazgo masculino. Cuando esto sucede, es indicativo del abandono de Dios como castigo. *"Los opresores de mi pueblo son muchachos, y mujeres se enseñorearon de él"*. Pablo quiere que entendamos que en la Iglesia de Cristo, los papeles de los sexos establecidos en la Creación no han sido revocados por la gracia redentora (cf. 1 Timoteo 2:11-15). El problema de la inversión no debe tener lugar en una Iglesia gobernada por Cristo.

Cinco posibles causas de la dinámica de la inversión

Estas posibles causas están expuestas en orden secuencial hasta la destrucción del matrimonio, porque, como vimos con la distorsión que producen los extremos, *"el pecado siendo consumado, da a luz la muerte"* (Santiago 1:15).

En primer lugar, muchas parejas entran en el matrimonio imitando, sin cuestionarlos, los patrones no bíblicos ejemplificados por sus padres. ¿Qué hombre no ha descubierto en sí mismo los rasgos de su padre a pesar de haber hecho voto de no ser nunca como él en ese aspecto? Parte de nuestro amar a Cristo más que a nuestro padre o a nuestra madre implica aprender a amar como Cristo en lugar de amar como nuestro padre o nuestra madre. Nuestro discipulado nos llama a dejar de perpetuar ciertos pecados generacionales, *"sabiendo que no fuisteis redimidos de vuestra vana manera de vivir heredada de vuestros padres con cosas perecederas como oro o plata"* (1 Pedro 1:18 LBLA). Si discernimos las perspectivas y las prácticas que no son bíblicas en la forma en que fuimos criados, ya no estaremos condenados irremediablemente a repetir los pecados de nuestros padres en nuestro matrimonio. Nuestro Padre celestial nos ha dado nueva vida y nos enseña su amor. Debemos evaluar lo que hemos heredado de nuestros padres, tomar lo bueno y descartar lo que es menos que bíblico (cf. Filipenses 1:9-11).

En segundo lugar, algunas parejas se casan sin haber desarrollado sus convicciones y principios. En otras palabras, falta una preparación adecuada para el matrimonio. No es inexperiencia, sino un defecto de carácter contra el cual habla Salomón en Proverbios 22:3: *"El avisado ve el mal y se esconde; mas los simples pasan y reciben el daño"*. La simpleza no es mera inmadurez o inexperiencia; es no establecer los principios y convicciones precisos para la siguiente fase de la vida. *"La justicia del perfecto enderezará su camino; mas el impío por su impiedad caerá"* (Proverbios 11:5). *"El camino del perezoso es como seto de espinos; mas la vereda de los rectos, como una calzada"* (Proverbios 15:19). Cuando estaba solo, Adán desarrolló la masculinidad necesaria para el matrimonio. Se embarcó en su llamamiento vocacional; estaba equipado con unas convicciones religiosas ancladas en la Palabra de Dios; había experimentado la soledad y era lo bastante maduro como para definir la realidad correctamente y ejercer su liderazgo; y su Padre lo había evaluado como suficientemente maduro para el matrimonio. Igualmente, la mujer soltera debe ser enseñada en materias de competencia doméstica (cf. Tito 2:4-5). ¿Pero cómo emplea su tiempo el soltero medio en nuestra cultura? La mayoría persigue el placer con la sensación indescriptible de que "todo saldrá bien", y desgraciadamente muchos entran en la edad adulta y en el matrimonio con mucha ingenuidad y poca preparación. En tercer lugar, el complejo de madre suele estropear el matrimonio. En este caso, un hombre se casa con su "madre" y una mujer con su "hijo". El matrimonio se transforma en una relación madre-hijo en lugar de ser una relación marido-mujer. Este hombre es típicamente inmaduro y se casa con una mujer que pueda protegerle y sostenerle, es decir, que sea como una madre. El complejo de madre suele ser evidente desde el principio de una relación. Ella está convencida de que su amor le cambiará, de que el hombre reformará sus malos hábitos y cultivará unos principios morales una vez casado con ella. Quiere enseñarle, criarlo. Ella le escuda de los problemas familiares y consiente el mal humor de su marido, no sea que se descomponga o explote. Pero la única relación en la que la mujer puede ejercer por derecho el liderazgo sobre el hombre es como su madre. Siempre que empieza a dominarlo, inevitablemente está intentado ser su madre. ¿Puede esperarse que el amor de una esposa piadosa cambie al hombre? Sí. ¿Acaso no está bien que una esposa piadosa sostenga a su marido emocionalmente y hasta que le proteja de algún peligro? Sí. Pero hay una gran diferencia entre ser ayuda idónea de un hombre y ser madre de un muchacho.

En cuarto lugar, las parejas pueden caer en el temor y la cobardía moral. El temor suele evitar la reforma dentro del matrimonio. La llamada a la obediencia bíblica se presenta ante la pareja como un perspectiva bastante aterradora. Explícitamente se dice a la mujer que no tema (cf. 1 Pedro 3:6), pero, sin embargo, puede sentir miedo de la ineptitud de su marido para ejercer su liderazgo. Puede que hasta quiera dejarse guiar, pero tiene miedo de que la incompetencia del hombre la exponga a sufrir algún daño. Se siente desprotegida, indefensa, vulnerable. Su miedo puede llevarla a intentar apoderarse del liderazgo al descubrir que quizá pueda hacer ese trabajo mejor que él.

Imagínate a los recién casados conduciendo por la carretera de la vida: ella sabe que, si quieren llegar a su objetivo, deben girar a la derecha en el siguiente cruce. Ve cómo se acerca el sitio, pero se da cuenta de que él no está reduciendo la velocidad: ¡se le va a pasar el cruce! Todo dependerá de la opción que elija entre sus posibilidades. Puede agarrar el volante y girar el automóvil ella misma. Sí, llegará al destino deseado, pero la próxima vez que se suban al automóvil, su marido se sentará en el asiento del pasajero y dejará el volante a su mujer. Entonces ella empezaría a conducir, pero ambos se pondrían a discutir con un rencor cada vez mayor. En vez de esto, podría permitirle que se le pase el cruce y luego fastidiarle y criticarle un kilómetro tras otro. En lugar de sentirse motivado a encontrar la salida correcta, el marido empezaría a preguntarse si no sería mejor ir solo en el automóvil, aunque se pierda. O quizá la esposa podría animarle a consultar el mapa y ayudarle a encontrar el camino, reconociendo que es mejor perder algo de tiempo dando vueltas por el campo mientras él aprende a conducir por la carretera correcta que debilitarle, desmoralizarle y destruir su determinación de al menos intentar guiar. Puede que el hombre tarde los dos primeros años de matrimonio en aprender a conducir, pero gracias a ello su matrimonio marchará mejor por la carretera de la vida. En lugar de tomar el mando, la mujer haría más por mejorar su seguridad si le ayudara y colaborara con él mientras aprende a guiar.

La esposa debe darse cuenta de que también él se enfrenta a sus miedos. El amor matrimonial le pide que se sacrifique y esa perspectiva es aterradora. Contempla los principios bíblicos establecidos para el matrimonio y le domina el miedo al fracaso. ¿Y si intenta ejercer su liderazgo y lo único que consigue es confirmar lo que teme: que no sabe dirigir? Puede que saque la conclusión de que lo mejor es no hacer nada, abdicar, vivir pasivamente. O lo que es más terrorífico: ¿Y si sus esfuerzos por ejercer su autoridad se tropiezan con la furia de su esposa? Si ella intenta usurpar la cabeza, el conflicto es inevitable en cuanto él trate de recuperar su lugar. Tal vez ella tenga una resistencia emocional maratoniana mientras que él es solo un velocista emocional. La perspectiva de enfrentarse con su mujer en una batalla por el liderazgo se le presenta como un túnel sin salida. Pronto se hace a la idea de ser el hombre que ella le permita. Ejercerá su autoridad, si su mujer le deja. La cobardía ha vencido. Su temor a su esposa es mayor que su compromiso con los principios bíblicos.

En quinto lugar, maridos y mujeres pueden sufrir una pérdida de credibilidad y enfrentarse con extremo furor. El problema que emerge en un matrimonio trastocado por la inversión de los papeles es de carácter ético. Cuando el marido no ejerce el liderazgo que debe, ni la mujer se somete como se le pide, la conciencia juzga y condena el error moral. Cuando percibimos la injusticia moral, como portadores de la imagen de Dios, respondemos con furor. Pero suele ocurrir que *"la ira del hombre no obra la justicia de Dios"* (Santiago 1:20). La pérdida de credibilidad sucede cuando el marido vive con una conciencia que le acusa de pecados de los que no se arrepiente. No está luchando sinceramente con una debilidad, sino que está demostrando su duplicidad y su hipocresía. Su liderazgo no es un fundamento moral donde pueda anclarse la conciencia de su familia. Pierde la influencia moral que necesita para gobernar. Sus subordinados le pierden el respeto y se sienten molestos por tener la obligación de honrarle. La intimidad se va minando mientras se retira la credibilidad. El resentimiento, quizá justificado hasta cierto punto, pronto se convierte en amargura y la esposa empieza a tomar represalias y a castigarle. Puede que intente manipularle o negarle la intimidad física o emocional. Su respuesta es ahora una parte importante del problema. Salomón se lamenta de la mujer rencillosa y dice que es mejor vivir en un rincón del terrado que en la casa con ella (cf. Proverbios 21:9). ¡Luego lo piensa mejor y dice que es mejor mudarse al desierto antes que vivir con ella! (cf. Proverbios 21:19). Hay mujeres que sencillamente se niegan a dejar su estado de enfado permanente. Salomón dice que esas mujeres son como un día de lluvia y que contenerlas no es más fácil que refrenar el viento o refrenarlas más que sujetar el aceite en la palma de la mano (cf. Proverbios 27:15-16). Llegados a este punto, el matrimonio es un desastre. La muerte discurre por la fibra misma de la relación. La pareja experimenta una separación profunda y penetrante. El matrimonio es un campo de batalla. Él peca, ella peca, y ambos lo saben, pero continúan destruyéndose a sí mismos. Hay demasiada ira, demasiado dolor, demasiada decepción. El pecado no mortificado separa a la pareja y cada uno se retira a llorar su tristeza en un rincón. El matrimonio está arruinado por las explosiones del conflicto y el silencio venenoso de un amor sofocante.

La lista de soluciones prácticas concretas para los problemas que acabamos de plantear requeriría una serie completa de estudios. Pero el remedio es sencillo: la aplicación, por fe, del Evangelio. La pareja cristiana tiene a su disposición el poder del Cristo resucitado, el ministerio vivificante del Espíritu Santo y la Palabra de Dios, viva y eterna. Podemos señalar el pecado, confesarlo y recibir el perdón. Los hábitos pecaminosos pueden remplazarse por hábitos santos. El marido cristiano puede amar a su mujer como Cristo ama a la Iglesia, y la esposa cristiana puede estar sujeta a su marido como la Iglesia está sujeta a Cristo (cf. Efesios 5:22-33). Nuestros matrimonios pueden convertirse en testimonios del maravilloso modelo de nuestro Creador y Dios y de la redención por la gracia de nuestro Señor y Redentor. Podemos vivir y amar de tal forma que solo pueda explicarse por medio del Evangelio de nuestro Señor Jesucristo. Tenemos poder para "hacer mucho más abundantemente de lo que pedimos o entendemos, según el poder que actúa en nosotros" (cf. Efesios 3:20; Filipenses 4:13). Si, como maridos y mujeres, nos vamos a la tumba habiéndonos amado de verdad unos a otros con el amor del Evangelio, nuestra vida habrá sido para la gloria de Cristo y no habremos vivido en vano.

Que el Señor bendiga su Palabra y que la haga fructificar en nuestras vidas. *"Por lo cual asimismo oramos siempre por vosotros, para que nuestro Dios os tenga por dignos de su llamamiento, y cumpla todo propósito de bondad y toda obra de fe con su poder, para que el nombre de nuestro Señor Jesucristo sea glorificado en vosotros, y vosotros en él, por la gracia de nuestro Dios y del Señor Jesucristo"* (2 Tesalonicenses 1:11-12).

Cómo vivir la vida cristiana

Albert N. Martin

112 pp.

¿Te has preguntado alguna vez, quizá casi desesperado: "Cómo puedo vivir la vida cristiana fructífera y victoriosamente?"

Puesto que pareces fracasar miserablemente, ¿no deberías escuchar más atentamente la enseñanza que te promete "Vida con V mayúscula"?

¿Debería seguir los "secretos" de la vida espiritual que prometen transformarte de "luchador" en "vencedor"? Albert N. Martin encara estas preguntas y las responde cabalmente a partir de la Escritura. Establece seis grandes principios de experiencia espiritual genuina, denuncia la enseñanza desequilibrada y falsa, y construye un fundamento seguro para una vida cristocéntrica.

Escrito con el estilo vívido, directo y popular que ha hecho su predicación tan ampliamente apreciada y respetada, *Cómo vivir la vida cristiana*, del Dr. Martin, contiene un mensaje vital para todo cristiano en la actualidad.

Albert N. Martin es pastor de Trinity Baptist Church, Montville, Nueva Jersey. Este opúsculo contiene la esencia de dos memorables discursos pronunciados por él en la Conferencia de la Banner of Truth en Inglaterra, en 1984.

¿Con quién me casaré?

Andrew Swanson

32 pp.

"El matrimonio —afirma Andrew Swanson— es una de las preguntas más importantes en las que jamás pensarás". En *¿Con quién me casaré?*, el autor subraya los principios más importantes que nos da la Escritura para guiarnos a una elección sabia y satisfactoria de un cónyuge para toda la vida. Estos principios son sencillos y claros. Pero no siempre son fáciles de poner en práctica. Andrew Swanson escribe con sensibilidad acerca de las luchas y dificultades que los jóvenes de diferentes culturas afrontan en esta área de la vida. Convencido de que la promesa de Dios —"yo honraré a los que me honran"— es válida para hoy, escribe de una forma realista y alentadora acerca de las maneras como Dios guía y dirige a aquellos cuyo principal deseo es hacer su voluntad.

Nacido en Aberdeen en 1943 y habiendo recibido su formación en Escocia y el sur de Gales, Andrew Swanson ingresó en el ministerio cristiano en 1970, cuando fue llamado a servir en la Iglesia Bautista en Geneva Road, Darlington (Inglaterra). Su influencia estaba siendo crecientemente valorada en Gran Bretaña cuando, en 1983, respondió a un llamado para para servir a Cristo en Oriente Medio, donde actualmente tiene su hogar. Andrew Swanson y su esposa Daphne han estado casados durante veinticinco años y tienen cuatro hijos.

La importancia del día del Señor

J. Ryle y A.A. Hodge

48 pp.

Posiblemente, nunca se había cuestionado tanto como ahora el carácter, la vigencia y la importancia del día del Señor como el día de reposo cristiano. Por un lado, están aquellos que insisten en el sábado como el día a guardar no sólo en el Antiguo Testamento sino en todos los tiempos. Por otro lado, están los que vacían el día de reposo de su carácter vinculante, reduciéndolo a una mera ordenanza veterotestamentaria. El problema, sin embargo, no es nuevo. Hace más de un siglo, los autores de este opúsculo —J.C. Ryle y A.A. Hodge— escribieron para dar una respuesta clara y bíblica a las objeciones que ya entonces se levantaban contra lo que había sido la interpretación histórica y el consenso universal de la Iglesia desde los tiempos de los apóstoles.

En la primera parte, J.C. Ryle prueba contundentemente la autoridad bíblica sobre la que descansa el día de reposo, el propósito de dicho día, la forma en que debe guardarse y la manera como es profanado, concluyendo con una vehemente exhortación a que sea verdaderamente santificado.

En la segunda parte, A.A. Hodge demuestra —tanto por la Biblia como por la historia de la Iglesia— que el día del Señor que guardamos los cristianos es esencialmente el mismo que el día de reposo que se observaba en el Antiguo Testamento, y que sólo el día (del séptimo al primer día de la semana) ha cambiado.

J.C. Ryle (186-1900) fue ordenado al ministerio del Evangelio en 1841, llegando a ser el primer obispo de Liverpool en 1880. Su sucesor (F. Chavasse) le describió como "aquel hombre de granito, con el corazón de un niño".

A.A. Hodge (1823-1886) fue hijo del famoso Charles Hodge a quien sucedió como profesor de Teología Sistemática en el conocido Seminario de Princeton.

Crecimiento cristiano saludable

Sinclair B. Ferguson

32 pp.

Algunos cristianos se quedan estancados en su crecimiento, ¿por qué?
Todos los cristianos deberían buscar la madurez espiritual, ¿pero lo hacen?
Crecimiento cristiano saludable ofrece pautas bíblicas para crecer hacia la madurez. Explica el patrón de la obra de Dios en la vida de su pueblo y concluye con un breve chequeo espiritual. Pertinente a todas las etapas del desarrollo espiritual, proporciona un manual que será especialmente útil para los nuevos creyentes.

Sinclair B. Ferguson fue profesor de Teología Sistemática en el Westminster Theological Seminary, y actualmente es pastor de una iglesia en Escocia (Reino Unido).

Preparados para predicar

Albert N. Martin

112 pp.

Este libro consta de cuatro conferencias pronunciadas por el Pastor Al Martin (de Trinity Baptist Church, Nueva Jersey) en la Conferencia de Ministros de la Banner of Truth de 1979 en Sydney, Nueva Gales del Sur, Australia. Estas conferencias son exposiciones bíblicas impactantes de un tema importantísimo que afecta vitalmente la vida y el futuro de la Iglesia de nuestro Señor Jesucristo. No es solamente una exposición escrutadora de las Escrituras relacionadas con el tema, sino un llamado inequívoco e ineludible al arrepentimiento y la reforma radical. Albert N. Martin declara que, contrariamente a la práctica de muchas iglesias en la actualidad, existe una teología bíblica de la formación ministerial. La Biblia no guarda silencio en cuanto a este tema. "[...] la Biblia contiene una teología de la formación ministerial, y que es nuestra responsabilidad descubrir esa teología, y habiéndola descubierto, comenzar a implementarla a cualquier precio. Debemos hacer esto aun al precio de tomar la Espada de la Verdad y la Reforma Radical y clavarla en las tripas del Señor Conveniencia, el Príncipe Pragmatismo y la Reina Tradición, y dejarlos revolcando en su sangre, hermano, si eso es lo que la obediencia a la Palabra de Dios requiere".

Albert N. Martin es Director de la Trinity Ministerial Academy, y Pastor de la Trinity Baptist Church, Essex Falls, Nueva Jersey (EE.UU.).

Alábenla en las puertas

Nancy Wilson

132 pp.

"Dadle del fruto de sus manos, y alábenla en las puertas sus hechos". Proverbios 31:31

Para una mujer cristiana, la maternidad es el sutil arte de edificar una casa con gracia: «La mujer sabia edifica su casa; mas la necia con sus manos la derriba» (Pr. 14:1). La obra de cada uno es significativa, porque contribuye hacia el plan a largo plazo. Cada clavo ayuda a que una casa se mantenga en la tempestad. Pero la maternidad no es una fórmula simple. Edificar una casa —el parto, la educación, la disciplina— exige un santo gozo y amor a la belleza. La madre que teme a Dios no teme al futuro.

Nancy Wilson es esposa de un pastor y ama de casa en Moscow, Idaho, Estados Unidos. Es autora de El fruto de sus manos: El respeto y la mujer cristiana, y escribe una columna para mujeres en la revista Credenda/Agenda. Ella y su marido Douglas tienen tres hijos adultos.

El fruto de sus manos

Nancy Wilson

132 pp.

Imagínate donde estaría la Iglesia en la actualidad si sus hombres fuesen respetados como debieran por sus esposas. ¿Qué poder no desencadenaría Dios por medio de hombres piadosos que fuesen respetados en sus hogares?

Esposas, en lugar de centraros en los problemas y faltas de vuestros maridos, considerad lo que se supone que tenéis que hacer vosotras.

En el Cantar de los Cantares leemos: «Como el manzano entre los árboles silvestres, así es mi amado entre los jóvenes». ¿Así, cuál es tu perspectiva cuando contemplas a tu marido? ¿Es bíblica, o deriva de todas las mentiras modernas que nos rodean?

Nancy Wilson es esposa de un pastor y ama de casa en Moscow, Idaho (EE.UU.). Escribe una columna para mujeres en la revista Credenda/Agenda *y enseña literatura en la Escuela Logos. Ella y su marido Douglas tienen tres hijos adultos.*